JUNGBUB

www.youtube.com/jungbub2013

정법강의 + 노트

VOL. 1

정법강의 + 노트 VOL. 1

초판 1쇄 발행 2018년(後紀 6年) 10월 12일
초판 2쇄 발행 2018년(後紀 6年) 11월 12일

말한이_眞政
엮은이_주식회사 정법시대
발행처_주식회사 정법시대
등록번호_제2018-000009호
Tel_(+82) 02. 2272. 1204
Fax_02. 2135. 1204
Homepage_www.Jungbub.com
YouTube_www.youtube.com/jungbub2013
Vimeo_www.vimeo.com/jungbub2013
ISBN_979-11-963167-1-6
ISBN_979-11-963167-0-9(세트)

* 저작권자와의 협의에 의해 인지를 붙이지 않습니다.
* 저작권법에 의해 보호받는 저작물이므로 무단전재와 부단복제를 금지하며,
   이 책 내용의 전부 혹은 일부를 이용하려면 반드시 저작권자와 주식회사 정법시대의 서면 동의를 받아야 합니다.

© 주식회사 정법시대

JUNGBUB

www.youtube.com/jungbub2013

정법강의 + 노트

VOL. 1

CONTENTS

1강 정초에 해맞이를 어떻게 해야 합니까? 006

2강 양심의 가책을 느낍니다 011

3강 불의를 보면 참지 못합니다 015

4강 잘못된 사과(Wrong Apology) 022

5강 용서(Forgiveness) 026

6강 저는 왜 인복이 지지리도 없을까요?   033

8강 2012년 12월 21일 지구종말   040

7강 깨달음-1 여여(如如)하게 살고 싶다(1/4)   051

9강 깨달음-2 나는 누구이며 무엇을 해야 하는가?(2/4)   056

10강 깨달음-3 젊은이들도 깨달을 수 있나요?(3/4)   062

11강 깨달음-4 여여하게 인생을 마칠 수 있을까요?(4/4)   067

정법강의   JUNGBUB LECTURE

1
정초에 해맞이를 어떻게 해야 합니까?

Q. 요즘 사람들은 해가 바뀔 때 해맞이를 하기 위해 산이나 바다로 많이 갑니다. 어떠한 자세로 해맞이를 가야 합니까?

강의일자: 2011. 01. 02.

요즘 정초가 되면 동해 바닷가에 해맞이를 하러 많이 가는데, 전부 다 집안 안녕을 빌러 갑니다. 거기 가서 인터뷰를 하기 위해 마이크를 갖다 대보면 "올 한 해도 우리 가정 잘되게 해 주시고 모두 무병장수하게 해 주십시오." 라고 소망을 비는 말을 정확하게 합니다.
그런데 내 집안 잘되려고 빌려면, 엄청 추운데 해 보러 동해까지 쎄가 빠지게 안 가도 됩니다.

그렇게 추운 날 차도 많이 밀리는데 새벽에 잠을 설쳐가며 멀리 동해까지 해맞이를 갔다면, 그래도 뭔가 큰 뜻이 있는 사람들이 가야 합니다.
정월 초하루가 되어 집안의 안녕을 빌어야겠다고 생각하는 사람은 자기 집 옥상이나 아파트 베란다에서 하면 됩니다. 이때 그냥 하기 조금 민망하면 깨끗한 사발에 옥수 한 잔 떠서 상에 놓고 "우리 집안이 이러이러하니 대자연에서 좀 도와주십시오." 하면 됩니다. 우리는 대자연과 스스로 함께 하기 때문에, 마음을 깨끗이 정화하고 대자연에 감사하는 마음으로 빌면 다 들어줍니다. 그런데 해맞이한다고 쎄빠지게 가서 해가 올라올 때 "와~ 뜬다 뜬다." 하고는 도와 달라고 중얼중얼하는데 영 꼴사나운 짓입니다. 그리고 해가 도와준다고 착각들을 하는데 해가 도와주지 않습니다. 우리 집안 안녕을 빌고 가족 안녕 비는 것은 집에서 하세요. 산 정상에 가고, 동해안까지 가서 정초에 해맞이를 한다면, 적어도 '이 나라를 보살펴 주십시오' 하고 큰 뜻을 가지고 가야 합니다.

내 집안 안녕을 빌 것 같으면 산 밑에서 산 정상을 바라보고 빌어야 합니다. 욕심을 내고 산 정상에 올라가면 오히려 혼이 납니다. 그래도 수련, 수행을 한다고 하고 뭔가 도통을 하고자 뜻을 조금 세우겠다고 하는 사람들은 산의 중간쯤 되는 6부 능선 정도 밑에서 하면 됩니다.

산에 올라가서 비는 것도 원칙이 있습니다. 3부 능선 아래에서 비는 것과 6부 능선 그 사이에서 비는 것과 또 7부 능선에 올라가서 비는 것과 정상에 올라가서 비는 것이 있습니다.

알기 쉽게 비유를 들자면, 이 사람이 산에서 17년 동안 묵언을 하고 지내면서 산 정상에 처음 올라간 것이 13년 만이었습니다. 17년 동안 산 속에 있으면서 산의 주인이 다 되었는데도 산 정상은 못 올라갔습니다.
왜? 정상은 거룩하기 때문에 밟지 못했던 것입니다. 그래서 13년 만에야 1차 공부가 끝나는 것으로 보고, 이 사람이 수행하던 신불산 정상에 올라가서 내려다보기 시작했던 것입니다.
수행자가 공부도 끝나기 전에 산 정상에 가서 탁 버티고 내려다 보면, 건방져져서 그때부터 수행이 되지 않습니다. 그래서 수행자는 위에서 내려다보면 안 됩니다. 수행자는 밑에서 위를 보는 것입니다.

수행 과정에서 수행이 얼마나 됐느냐를 보려면 얼마만큼 겸손해졌는가를 보면 됩니다. 공부를 많이 한 사람일수록 겸손해지는 것이 수행의 척도입니다. 머리를 빳빳이 드는 사람은 공부를 많이 한 사람이 아닙니다. 사람이 겸손할 때 '아, 이 사람은 내공이 차있구나' 하고 보면 됩니다. 빈 깡통이 요란하듯이 그런 사람은 내공이 차지 않아 자기 주장을 하려고 듭니다. 그러나 공부를 해서 수행이 되고 지식을 갖춘 윗사람이 되면 지극히 겸손해지기 시작합니다. 앞으로는 질서가 잡히겠지만, 우리가 정초에 동해로 해맞이를 가는 것은 앞으로 큰 뜻을 품고 살기 위해서 동해의 큰 기운을 받으러 가는 것입니다.

그러면 동해의 아침 기운을 받아서 무엇을 할 것이냐?
이웃을 위하고, 내가 살고 있는 고장을 위하고, 나아가 나라를 위하고, 더 크게는 인류를 위하는 뜻을 품고 그렇게 살고자 노력해야 합니다. 가족의 안녕에 척도를 두어서는 안 됩니다.
이제 이 법을 국민들에게 알리기 시작하면 조금씩 표적이 들어옵니다. 모르고 사는 것은 그냥 놓아두지만, 알면서도 엉뚱한 욕심을 낼 때는 처음부터 크게 표적은 안 오겠지만 슬슬 표시가 날 것입니다.
차 사고가 나는 사람도 있을 것이고, 또 기분 안 좋은 꼴도 생길 것이며 여러 가지 방법으로 다가옵니다. 우리 국민들이 형편이 좀 좋아졌다고 너나 할 것 없이 초하룻날 동해안으로 차를 끌고 나가면 절단납니다. 갈 사람은 가고, 있을 사람은 있어야 질서가 무너지지 않습니다. 그리고 전부 다 산으로 해맞이를 갈 때 정상으로 올라가야 된다는 생각을 하면 안 됩니다. 그러면 산이 몸살을 합니다.

지금 동해안에 사람들이 몰리는 이유는 우리 기운이 굉장히 딸린다는 소리입니다. 사람이 몸이 조금 아플 때는 회복하기 위해 산으로 갑니다. 그러나 죽고 싶을 때는 바다로 가는 것입니다. 시련 당했을 때, 죽고 싶을 때, 산에 가서 해결 볼 수 있는 선이 넘어섰을 때 바다로 가는 것입니다. 물에 들어가 죽고 싶은 것입니다. 그래서 바닷가를 혼자 걷는 사람은 겁나는(위태로운) 사람입니다. 우울증 환자든지, 여러 가지가 있습니다.
우울증은 약으로는 치료가 안 되는 굉장히 무서운 병입니다. 우울증 환자들은 자살하고 싶은 생각에서 벗어나지 못하는 상태까지 간 것입니다. 그래서 바닷가나 강가와 같은 물 쪽으로 가서 헤매는 것입니다.

그리고 힘을 가지려면 산에 가고, 지혜를 얻으려면 바다로 갑니다. 바다는 칠성기운이라고 하는데 이것이 물 기운입니다. 3:7의 함수로 해서 산은 3이고 물은 7인데, 7은 무엇이든지 운용을 하는 기운이고 3은 힘의 논리로 무엇이든지 헤쳐 나가는 기운입니다. 산에서 기운 받는 것과 바다에서 기운 받는 것이 다릅니다. 산에서는 보호를 받지만 바다에서는 보호받지 못합니다. 그래서 수행자는 산에서 보호를 받으면서 수행을 하고, 수행이 끝나면 바다로 가는 것입니다.

우리 국민들은 이런 것들을 조금씩 알고 자신들에게 득 되게 행동해야지, 무조건 우르르 몰려다니는 것은 이제 생각을 다시 해 보아야 합니다.

MY JUNGBUB NOTE

MONTH   1 2 3 4 5 6 7 8 9 10 11 12
DAY   1 2 3 4 5 6 7 8 9 10 11 12 13 14 15 16 17 18 19 20 21 22 23 24 25 26 27 28 29 30 31

──────────────── 지금 나의 환경 ────────────────

──────────────── 나의 정법 명언 ────────────────

──────────────── 느낌 + 생각 ────────────────

정법강의 1강 정초에 해맞이를 어떻게 해야 합니까?

2
양심의 가책을 느낍니다

Q. 친구가 공사입찰 보는 일을 하고 있습니다. 입찰이 끝나면 리베이트를 주는데, 이 일로 본인이 양심의 가책을 많이 느낀다고 하는데 어떻게 해야 합니까?

강의일자: 2011. 12. 01.

양심의 가책을 느끼지 마세요. 이런 사회가 빚어질 때는 이렇게 살아야 합니다. 리베이트*rebate*를 안 주어도 할 수 있는 실력이 있다면 정확히 바뀝니다. 실력이 안 나오니까 리베이트를 주는 사회가 되는 것입니다.

그런 실력을 지금 안 만들었기 때문에 그 실력이 나올 때까지 이 사회가 모순을 빚어내는 것입니다. 그러니 모순이 나오는 것도 정상입니다.

그리고 양심의 가책이 된다고 안 하고 놓으면, 다른 사람은 그렇게 안 하나요? 사회가 아직 변하지 않았습니다. 이것이 내 포지션으로 주어졌다면 여기에 충실하면 됩니다.

지금 양심의 가책을 느낀다는 것은 여기서 물러날 때가 다 되어 간다는 것입니다. 그러니 할 수 있는 만큼 하고 물러날 수 있으면 물러나면 됩니다. 다시 말해, 양심의 가책을 느낀다면 내 일을 충실히 못하고 있다는 것입니다. 그러면 그 자리는 가만히 놓아 두어도 뺏기게 됩니다.

도둑놈이 도둑질하는 것을 나쁜 것이라고 생각하지 말라는 얘기입니다. 이 사회가 도둑질을 해야 될 환경에 놓여져 도둑놈 한 사람이 생길 환경이라면 도둑놈 한 사람이 나오고, 또 도둑놈 열 사람이 생길 환경이 만들어지면 도둑놈 열 사람이 만들어진다는 얘기입니다. 그것도 사회의 일부분입니다. 그런데 이 사람이 양심에 걸려서 도둑질을 못 할 것 같으면 도둑질할 때가 다 끝나가는 것입니다. 도둑놈으로서의 생명이 끝났다는 것입니다.

이 세상에 상대역을 시키기 위해서 보냈기 때문에 그 일을 잘해 주어야만 자신의 일을 잘하는 것입니다. 세상에 사기꾼이 필요할 때는 사기꾼이 나와 주어야 하는데, 사기꾼이 죄책감을 가지면 사기꾼 자격이 없는 것입니다. 자격이 없으면 그 자리에서 나와야 됩니다. 나오면 다른 사람이 들어가서 그 자리를 대신합니다. 이것이 대자연의 조화입니다.

이 세상에 사기가 왜 일어나는지를 깨우치지 못했기 때문에 사기꾼이 자꾸 나오는 것입니다. 그러므로 리베이트를 주는 것은 대자연에서 스스로 생산을 시키는 것이니까 죄책감을 가질 필요가 없어요. 하기 싫으면 하지 말고, 해야 될 상황이면 죄책감 없이 하라는 것입니다. 자기의 본분을 지켜라, 이 말입니다.

이제는 사기 친다고 그 사람을 나쁘게 볼 때가 아닙니다. 그냥 사기꾼을 나쁘다고 자꾸 뭐라고 하면 사기꾼은 배로 더 늘어납니다. 왜? 그것을 깨우칠 때까지 나오기 때문입니다. 그러니까 사기를 당하는 그 사람을 분석해 보아야 됩니다.

그리고 리베이트를 안 주고 정확하게 하려고 하는 사람이 옳은 것 같으면 그 사람이 잘되어야 합니다. 그런데 이 사회는 그렇게 되지 않습니다. 경쟁 사회에서는 어떤 방법이든 살아남는 사람이 그 자리를 고수하고 그것을 차지합니다. 그런데 오늘날은 경쟁 사회라는 것입니다. 경쟁 사회에서 이것은 지극히 정확하고 바른 것입니다. 그러니까 리베이트 말고 다른 실력으로 리베이트를 능가할 것을 생산하라는 것입니다. 리베이트 주는 것을 나쁘다고 하면 안 됩니다. 죄책감을 갖지 말고 나는 내 것을 열심히 하면 됩니다. 그러면 이것보다 더 나은 실력이 나오고, 그때 리베이트 주는 것을 정확하게 하지 않게 됩니다.

―
평소에는 별 의미 없이 그 일을 하다가 어느 순간 그런 생각이 들었을 때는 이 사람에게 어떤 변화의 시점이 왔기 때문에 그런 생각이 드는지요?
―

지금 변화의 시점이 오는 것입니다. 변화 시점이 오면 변동수가 일어납니다. 마음의 변동수, 환경의 변동수, 이런 것이 일어난다는 이야기입니다. 그리고 일어날 때는 일어날 수밖에 없을 때이니까 일어나는 것입니다.

이때는 변화기이기 때문에 이런 마음 저런 마음들이 일어나는데, 이것은 지극히 자연적인 것입니다.

변화가 일어날 때는 내가 저 사람보다 조건이 좋은 것을 한참하고 좋아져야 변화가 일어납니다. 이 변화가 일어났다면, 내가 한참 좋은 것이 어느 정도 양이 찼다는 것입니다. 양이 찼으니까 조금 배부른 소리를 하는 것입니다.

양이 안 찼으면 이러한 생각이 안 일어나는데 어느 정도 배가 부르고 넉넉하니까 그런 생각이 나는 것입니다. 내가 뭔가 양심적인 것처럼 보이려고 하는 것도 내 배가 불러야 양심의 소리가 나오지, 배고프면 절대 양심적일 수가 없습니다. 이것이 약육강식입니다.

내가 지금 리베이트 받는 것을 꺼려하는 것이 착해지는 것 같지만, 이것은 착한 것이 아니라 내 것을 어느 정도 성취하고 나니까 옆이 보이는 것입니다.

이제 변화기라는 것입니다. 내 것은 다 채웠으니까 이제는 조금 물러나려고 하는데 명분이 없으니 이런 말 저런 말이 나오는 것입니다. 그러니까 그 사람을 '양심있다'고 보면 절대로 안 됩니다.

MY JUNGBUB NOTE

MONTH 1 2 3 4 5 6 7 8 9 10 11 12
DAY 1 2 3 4 5 6 7 8 9 10 11 12 13 14 15 16 17 18 19 20 21 22 23 24 25 26 27 28 29 30 31

―――――――――――――― 지금 나의 환경 ――――――――――――――

―――――――――――――― 나의 정법 명언 ――――――――――――――

―――――――――――――― 느낌 + 생각 ――――――――――――――

정법강의 2강 양심의 가책을 느낍니다

3
불의를 보면 참지 못합니다

Q. 남편이 불의를 보면 참지를 못하는 성격입니다. 그래서 직장생활을 하다 보면 여러 면에서 많이 부딪치게 됩니다. 그러다 보니 자신이 뭔가 부족하구나 하고 느끼게 되어 절제를 하고는 싶은데 생각처럼 잘되지 않고 가슴 안에서 분노가 올라온다 합니다. 어떻게 해야 합니까?

강의일자: 2011. 12. 01.

내가 불의를 보고 참지 못하고 행동으로 할 수밖에 없는 사람은 내 질량이 어떤가를 파악해야 합니다. 이것은 내 질량이 낮아서 일어나는 것입니다.

불의를 보면 그 불의가 왜 일어나는지, 지금 이러한 일들의 환경이 왜 일어나는지를 잘 관찰해야 되는 것이 윗사람이고 조금 나은 사람입니다. 그런데 이런 일이 생기니까 거기에 그냥 내가 동(動)해 버리면, 어느 것이 잘못인지도 모르고 간섭하는 것이 되어 그 화살을 내가 맞는 것입니다.

잘못한 쪽의 편을 들어서 불의를 못 참고 일을 저질렀다면, 정확하게 그 에너지가 나에게 화살로 돌아와 내가 불이익을 당하게 됩니다. 옳고 그른 분별은 내가 했겠지만, 그 상황에 맞는 바른 분별의 답이 아직 안 나왔기 때문에 불의를 보고 못 참는 사람이 손해를 많이 보는 것입니다. 그렇다면 틀린 것에 잣대를 갖다 대고 행동을 했다는 소리가 됩니다.

'답이 이게 맞는데…'라고 할지 몰라도 사회의 답은

그게 아니라는 것입니다. 대자연에서 지금 일어나는 일을 보고 내가 못 참은 것입니다. 대부분 못 참고 가는 것은 내 잣대로 옳고 그름의 분별을 했기 때문입니다.

그러면 예를 들어 봅시다.
길을 지나가다 보니 싸움을 하고 있는데 누군가 깡패에게 두드려 맞고 있습니다. 그러니까 가서 "아, 이거 왜 그러십니까? 힘없는 사람을 때리면 안 되잖습니까?" 하면서 깡패인 줄 모르고 약자 편을 들어 깡패에게 뭐라고 합니다.
그런데 나중에 양쪽 말을 다 들어 보니까 맞는 사람이 깡패에게 맞을 짓을 했다는 생각이 드는 것입니다. 약자 편을 들어서 그랬는데 나중에 보니까 약자가 아니고 그 사람이 깐죽깐죽 대서 화나게 만든 것입니다.
그러니 내가 불의를 보고 뛰어든다는 것이 타 죽으려고 불 속에 들어간 것입니다. 그래서 길 가다가 싸우는 것을 보면 간섭하지 말라는 것입니다.

싸울 때는 원인이 있습니다. 원인 분석을 정확하게 하기 전에는 간섭해서 누구 편을 들지 말라는 것입니다. 누구 편을 들지 말고 경찰서나 112에 얼른 신고를 해서 처리를 해 주어야 합니다. 경찰이 와서 싸움을 뜯어 말리고 "길에서 싸운 자체가 둘이 잘못했으니까 힘이 들어도 경찰서에 가서 잘잘못을 가려야 됩니다." 하고 데리고 가서 잘한 사람을 득 되게 하고 잘못한 사람은 처벌받게 해서 다시는 잘못을 안 하게 만들어 주어야 합니다. 그래서 경찰을 민중의 지팡이라고 하는 것입니다.

만일에 내가 이것을 말리려고 하면, 대번에 "경찰서 안 가고 끝내는 게 안 낫겠습니까?" 하고 물어서 말리든지 아니면 "경찰서 가면 서로가 곤란해지니까 이 정도 됐으면 말지요." 하든지 해야 합니다. 길에서 그렇게 해서 여러 사람을 찡그리게 만들었다면 둘 다 잘못이 있습니다.

나중에 시시비비를 가려보면 3 : 7로 정확하게 잘못이 나옵니다. 한쪽에만 잘못이 있어서는 절대 싸움이 일어나지 않습니다. 잘못한 자가 7을 잘못했고, 잘못 안 한 것 같은 자가 사실은 3을 잘못한 것입니다. 정확하게 잣대를 대면, 분명히 나옵니다. 그렇게 안 하고는 절대 서로 붙지를 못합니다. 그래서 크게 잘못한 자가 "잘못했습니다." 하고 사과를 하면 합의가 됩니다. 그런데 잘못한 자가 사과를 안 하고 30% 잘못한 자에게 "네가 잘못했잖아. 네가 사과하면 나도 할게." 그러면 죽어도 해결 안 나고 처벌까지 받아야 합니다.

―
그러면 잘못을 사과할 때 어떤 쪽이 먼저 사과를 해야 합니까?
―

70%를 잘못한 사람이 사과해야 합니다.

―
본인이 70% 잘못했다는 것을 느낄 수 있는 방법은 있습니까?
―

더 답답한 사람이 잘못한 것입니다. 답답한 사람이 약자 같지요? 답답한 사람이 죄인입니다. 큰 죄인...
덜 죄인은 조금 덜 답답한 사람입니다.

부부끼리 싸우지요? 답답한 사람이 잘못한 것입니다. 그 사람이 원인 제공자입니다. 가려보면 3 : 7로 딱 나옵니다. 그래서 답답한 사람이 죄인이다, 이렇게 보면 됩니다.

예를 들어서 도둑을 당했습니다. 누가 더 답답합니까?
(당한 사람이요...)
도둑놈이 답답한 것이 아닙니다, 그렇죠? 그러면 도둑을 당한 사람의 잘못입니다. 그래서 당한 사람이 먼저 '내가 왜 도둑을 맞았을까?' 이런 것을 짚어보면서 나의 잘못을 먼저 찾아야 됩니다. 찾고 나서 상대의 30% 잘못도 묻고 싶으면 물어야 되는 것입니다.

도둑이 들었다고 도둑놈을 막 욕한다고 해결되지 않습니다. 도둑이 경찰에 잡혀 주어야 되는데, 잡혀 갖고도 나중에 해결이 날 때는 훔친 것을 다 써 버리고 나에게 돌아오는 것은 하나도 없습니다. 도둑놈은 훔친것을 다 써 버리고 교도소에 가서 며칠 조금 있는 것뿐입니다. 단지 도둑질 못하고 휴식하는 것이지, 훔친 것을 상대에게 돌려주지 않습니다. 이것이 답답한 것입니다. 그러니까 사기를 당한 사람과 사기를 친 사람이 있는데 누가 더 답답하겠습니까? 이제 답이 딱 나오지요? 당한 사람이 환자입니다. 내가 사기 당할 수 있는 바탕을 만들어 놓았으니까 사기꾼이 온 것입니다. 이 바탕이 만들어지지 않으면 사기꾼은 절대로 등장하지 않습니다. 그런데 그 바탕을 만들어 낸 자신이 잘못했다는 생각을 못하는 것입니다.

내가 사기를 당하면 사기 친 사람을 자꾸 욕하는데 사기 친 사람은 한 건을 했을 뿐입니다. 뭔가 프로젝트를 한 건 해서 성공을 한 것입니다. 성공한 사람이 어떻게 답답합니까? 좋아 죽습니다. 사기 친 사람은 좋아하고 사기를 당한 사람은 울상이 되는 것입니다.

그러면 사기 친 사람은 언제 답답하냐? 경찰에 잡히면 답답해집니다. 안 잡히면 최고로 좋은 것입니다. 사기꾼은 원래 안 잡힐수록 좋습니다. 잡히면 뭔가를 잘못했기 때문에 조금 허점을 남겨 잡힌 것이니까 답답한 일을 겪어야 되는 것입니다. 사기를 치려면 경찰에 안 잡히도록 쳐야 합니다. 그러면 성공한 것입니다. 경찰에 잡히도록 사기를 쳤다면 무언가 허점을 남겼기 때문에 그것을 맞는 것입니다. 안 잡힐 때는 엄청나게 좋은데 잡혀 버리니까 나쁜 것이 되는 것입니다. 사기꾼은 안 잡히면 행복합니다. 사기를 잘 친 것입니다. 이것은 사회를 위해서도 잘한 것입니다. 안 가지고 있어야 할 사람이 가지고 욕심을 내고 있으니까 그것을 걷으러 온 것입니다.

―
그러면 싸움을 할 때 먼저 거는 쪽이 더 답답하다고 봐도 됩니까?
―

예를 들어서 상대는 싸움을 하려는 마음을 안 먹었고 내가 뭔가를 맞게끔 주장을 가지고 가서 근기보다 넘게 주장을 하니까, 이것이 화를 만들어 내는 것입니다. 불을 땐 것입니다. 여기에다 불을 때니까, 화가 올라옵니다. 그러니까 이렇게 불이 들어오는 것이 싸움이 되는 것입니다.

상대를 화나게 하면 내가 그 불을 맞는다는 것도 알아야 됩니다. 불날지도 모르고 저기다가 그냥 살살 때면 어떻게 되나요? 그러니까 불나게 만든 사람이 잘못인 것입니다. 맞는 사람이 억울한 것이 아니라, 내가 맞을 짓을 해서 맞는 것입니다.
이것을 재미있게 한번 풀어봅시다. 남녀가 싸울 때 남자가 느닷없이 때리는 것 같지만, 그게 아니고 여자가 깡짱깡짱거려서 화를 돋우니 맞는 것입니다. 괜히 때리나요? 그래서 남자는 잘못이 없다는 것입니다.

—
그러면 그 사람을 아까 말할 때 3으로 봐야 되고 뒤에서 이렇게 화를 돋게 만든 사람을 7로 봐야 됩니까?
—

—
때린 사람이 환장하겠습니까, 맞은 사람이 환장하겠습니까?
(맞은 사람이요...)
그렇죠? 그러면 이제 화를 돋우는 데도 이유는 좀 있었겠지요? 그러면 어느 쪽이 더 많이 아픈 것입니까? 맞은 자가 아프죠? 환자가 맞은 자입니다. 그럼 잘못한 자가 이 환자입니다. 이게 3 : 7의 법칙이라는 얘기입니다. 맞은 사람이 7을 잘못했고 때린 사람이 3을 잘못한 것입니다.

—
그렇다면 사과도 이 7이 먼저 해야 하는 거네요?
—

7이 사과를 해야 결론이 납니다. 때려서 화를 쏟아 버렸으니까, 그만 두잖아요? 그런데 이것은 아직 해결 나지 않았습니다. 정확하게 다음에 또 나옵니다. 가정에도 싸우는 사람이 계속 싸웁니다. 그리고 맞는 사람이 계속 맞습니다. 한 번 맞으면 버릇됩니다. 이제부터 계속 맞습니다. 왜? 이것이 안 끝나기 때문입니다. 답을 못 찾아서 계속 맞으니까 다음에 또 꽁하니 걸고 있는 것입니다. 이것이 안 끝난 것입니다.
지금은 끝났지만 꺼리가 항상 남아 있어서 나중에 작은 일만 있으면 또 깡짱깡짱대다가 또 맞습니다. 그래서 싸우는 집을 보고 '저거 또 얻어터지는가 보다' 하게 되고 다음날 아침에 보면 눈이 시퍼렇게 되어 나오는 것입니다.

보통 싸울 때 보면 현재 일어난 상황을 가지고 싸우는 것이 아니라 과거에 일어났던 일을 다시 들먹이며 싸우게 됩니다. 그러면 과거의 일이 누적되어 그 일이 터져서 오늘날 싸우게 되는 것이라고 봐야 합니까?

과거의 것이 아직 정리가 안 된 것입니다. 지금 참는다? 이것은 정리가 아닙니다. 이유를 밝혀서 내가 잘못했는지, 저쪽이 잘못했는지 이것을 알아서 잘못한 사람이 뉘우쳐야 됩니다. 그래야 이 싸움이 끝납니다. 내가 잘못을 알고 뉘우치게 되면 저 사람에게 안 덤벼듭니다. 그래야 더 이상 싸움이 일어나지 않습니다.

내가 잘못인지 모르니까 화를 물고 있다가 이것을 가지고 자꾸 또 불씨를 만듭니다. 그러다 조금만 부딪치면 상대는 또 그때 것을 회생시켜 가지고 들어가는 것입니다. 그래서 과거의 것이 안 없어지는 것입니다. 아직 해결이 나지 않은 것입니다.

MY JUNGBUB NOTE

MONTH 1 2 3 4 5 6 7 8 9 10 11 12
DAY 1 2 3 4 5 6 7 8 9 10 11 12 13 14 15 16 17 18 19 20 21 22 23 24 25 26 27 28 29 30 31

―――――――――――――――― 지금 나의 환경 ――――――――――――――――

―――――――――――――――― 나의 정법 명언 ――――――――――――――――

―――――――――――――――― 느낌 + 생각 ――――――――――――――――

정법강의 3강 불의를 보면 참지 못합니다

정법강의 JUNGBUB LECTURE

4
잘못된 사과
(Wrong Apology)

Q. 부인은 표현을 잘하지 않는 성격이고 남편은 급한 성격인데, 부부싸움을 할 때 화해를 하는 과정에서 남편이 그 분위기를 못 이겨 싸움을 무마하려고 "그래, 내가 잘못했어." 하고 먼저 사과를 합니다. 이때 먼저 사과하는 쪽이 정말 잘못이 더 많은 것입니까?

강의일자: 2011. 12. 01.

먼저 사과하는 쪽이 잘못했기 때문에 하는 것은 아니잖아요, 그렇죠? 그러면 사과하면 안 됩니다. 이것은 기분 전환을 시켜서 좀 편하게 갈 수 있게 시간을 벌 수는 있습니다. 그래서 기분 전환을 해 주는 방법은 되지만, 무조건 "내가 잘못했다." 하는 것은 안 되는 것입니다.

'잘못했다'고 한 것 때문에 내가 잘못한 것으로 그냥 굳혀지게 만드는 것이 되고, 상대는 자기가 잘한 줄 알게됩니다. 그러면 상대는 내가 잘못했다고 말한 것을 약점 삼아서 이것을 굳혀버립니다. 그러면 다음에 조그마한 일 가지고도 또 대듭니다. 왜? 자기는 잘못이 없고 나에게 항상 잘못이 있다고 생각하기 때문입니다.

잘못이 아닌 것을 가지고 사과를 하면 정확하게 그것 때문에 더 큰 것을 또 맞게 됩니다. 그래서 그런 짓은 하지 않는 것입니다.

우리가 분위기를 잡아서 시간을 버는 것은, 좋게 지내면서 뭔가 잘못된 것도 생각해 볼 수 있고, 또 다시 시작해 볼 수 있는 시간을 갖는 것이지, 사과는 안 됩니다.
사과는 내가 잘못했다는 것을 깨우치고 나서 해야지, 잘못이 없는데 사과하는 것은 안 되는 짓을 한 것입니다. 그렇게 하면 정확하게 내가 얻어맞습니다.

예를 하나 들겠습니다.
부부끼리 살면서 무슨 일이 조금 있을 때, 부인이 막 나오니까 남편은 부드러운 사람이라서 이것을 무마시키려고 "여보, 내가 잘못했다."라고 사과를 합니다. 그러니까 부인이 "그러면 잘못했다고 각서를 써라."고 합니다. 그러면 남편이 "오냐, 알았다." 하고 각서를 써 줍니다. 그러면 부인은 이것을 챙겨서 모아 놓습니다. 그러다 몇 개월이 지나면 분명히 또 싸웁니다. 각서 쓸 일이 자꾸 생깁니다.

각서는 한 번 써 주면 계속 써 줄 일이 생기게 되어 있습니다. 부인도 전에 받아보았으니까 또 받는 것입니다. 이 집안은 각서 집안이 되는 것입니다.
그렇게 십몇 년을 지내면 부인은 이미 각서를 많이 받아놓았습니다. 그러다 나중에 이혼을 하게 됩니다. 그런데 남편은 싸울 때마다 무마시키려고 계속 각서도 써 주며 "미안하다."고 하고 "내가 잘못했다."고 했습니다. 부인은 이것을 전부 다 녹음도 해 놓고 각서도 받아 놓았으니까 나중에 이혼할 때는 누가 유리할 것 같아요?

부인이 각서를 잔뜩 가져가서 "이 남자는 깡패예요. 이럴 때마다 각서를 받아 놓았어요."라고 하면 남편은 할 말이 하나도 없는 것입니다. 남편은 아무것도 안 받아 놓았고 부인은 다 받아 놓았으니, 부인이 남편에게 "네가 잘못했다고 했잖아."라며 큰소리를 치게 됩니다.
그리고 요즘은 전화기로 문자를 주고받으니까, "여보 미안해." 하고 문자를 보냈잖아요? 나중에 기록을 빼보면 전부 다 나옵니다. 이것이 나중에 쓰일 때는 정확하게 부인이 바라는 대로 유리하게 돌아갑니다. 남편은 부인과 좀 좋게 지내려고 자꾸 써 준 것인데, 나중에 그것을 내놓으면, 여자를 왜 이렇게 괴롭혔냐며 남편은 때려죽일 놈이 되는 것입니다. 남편이 아무리 그게 아니라고 하면서 가슴을 쳐도 아무 소용없습니다.

내가 아닌 짓을 한 것은 정확하게 받습니다. 그러니 아닌 짓을 하면 안 됩니다. 비굴해도 안 되고, 은근슬쩍 넘어가도 안 됩니다. 그러니까 각서는 남겨 놓되, 각서를 쓰는 이런 일들을 바로 잡아야겠다는 생각을 가지고 서로가 노력을 해야 되는 것입니다. 正

MY JUNGBUB NOTE

MONTH 1 2 3 4 5 6 7 8 9 10 11 12
DAY 1 2 3 4 5 6 7 8 9 10 11 12 13 14 15 16 17 18 19 20 21 22 23 24 25 26 27 28 29 30 31

—— 지금 나의 환경 ——

—— 나의 정법 명언 ——

—— 느낌 + 생각 ——

정법강의 4강 잘못된 사과(Wrong Apology)

5
용서
(Fogiveness)

Q. 얼마 전 '오늘'이라는 영화가 개봉되었는데 그 내용을 보면, 여주인공이 자신의 섣부른 용서가 또 다른 사람을 죽인 것을 알고 충격을 받습니다. 그렇다면 이 여주인공의 용서가 잘못된 것입니까?

강의일자: 2011. 12. 01.

용서한다는 것은 사람이 할 수 없는 것입니다. 세상에 일어나는 모든 것은 대자연의 법칙으로 일어나는 것이지, 사람이 용서하고 말고 하는 것이 아니라는 것입니다.
다시 말해, 대자연이 스스로 이끌고 가기에 내가 용서를 한다고 해서 용서되는 것이 아니라는 말입니다.

만일 아버지가 자식과 함께 길을 가고 있는데 누군가 자식을 어떻게 하다 죽이게 되었습니다. 그러면 나는 내 자식이기 때문에 상대를 미워하게 됩니다. 그러나 옆에서 다른 애가 죽었다면 내가 상대를 그렇게 미워하지 않습니다. 내 자식이니까 미워하는 것입니다. 내 자식이 죽었다면 지금 죽을 일이 있어서 죽는 것입니다. 그 역할을 상대가 지금 하는 것입니다. 그러니 사회가 사회법을 만들어 놓고 처단을 하도록 거기에 맡겨야 합니다. 내가 용서하는 것이 아니라 사회가 용서하면 '이것이 왜 이렇게 되는가?' 이런 것을 고민해야 하겠지만, 사회가 처분을 해 주면 사회 처분에 맡기고 갈 수밖에 없습니다. 내가 어떻게 할 수 있는 것이 아닙니다. "내가 처단하겠다."라고 하면 상대를 처단해 놓고 나도 교도소에 들어가서 처벌을 받아야 됩니다.

그리고 내 아들이 죽었으면 누가 제일 아픈지를 보아야 합니다. 누가 아프나요? 아버지가 아프겠죠? 같이 가다가 그런 일을 당했으니까요. 그럼 누가 환자입니까? 아버지가 환자인 것입니다.
그런데 만일 죽인 사람이 어디로 도망가고 안 잡혔습니다. 그러면 죽인 사람이 아버지만큼 아플 것이냐? 안 아픕니다. 그렇지만 그 사람도 피해 다니는 만큼 아픈 것입니다. 이것을 %로 따지면 어떻게 되겠어요? 70%는 내가 잘못했고 30%는 그 사람이 잘못한 것입니다. 그런데 만약 죽이고도 그 사람이 도망도 안 다니고 잘살 수 있는 환경이 되어 버렸으면, 100% 잘한 것입니다.

항상 잣대를 댈 때는 누가 더 어려운가를 잣대로 대면 됩니다. 강도짓을 한 것이나 당한 것이나, 사기를 친 것이나 당한 것이나 모두 당한 사람이 아픈 것입니다. 이것은 지금 나를 공부시키려고 대자연이 이런 결과를 만든 것이니까 받아들여야 합니다. 받아들일 수 없다면 어떻게 해야 하는가? 연구라도 해야 합니다. 이것을 깨치지 못하면 다음에 그보다 더 큰 아픔을 겪게 되어 있습니다. 더 큰 아픔을 분명히 겪습니다. 이것은 반드시 알아 놓아야 될 덕목입니다. 앞으로는 바른 분별을 해야 합니다. 다시 한번 말하지만, 사람이 사람을 용서할 수 없습니다. 이런 일은 내가 당할 수는 있지만 용서할 권리는 나에게 주어지지 않았습니다. 이것은 자연이 알아서 하는 것이기에, 이해가 안 가더라도 이 답은 알아 놓고 사는 것이 좋습니다.
지금까지 우리가 알고 온 방법으로 보면 이것을 답이라고 이야기해 주지 않겠지만, 이해를 다 못하더라도 이때까지 그런 잣대로 가져왔던 것은 우리의 논리입니다. 이제는 답이 나오면 옳든 그르든 받아는 놓아야 한다는 말입니다.

'사람이 사람을 용서할 수 없다' 이것은 대자연의 법칙입니다. 앞으로도 "내가 용서한다."라고 하면 용서한 그 대가는 정확하게 받습니다. 용서하고 나면 분명히 뒤통수를 맞는다는 말입니다. 어떠한 일에서도 사람이 사람을 용서할 수 없습니다.

―
사람이 사람을 용서할 수 없다면 대자연에 "저 사람을 용서해 주십시오." 하고 기도하는 것은 어떻습니까?
―

그것은 대자연에 맡기는 것입니다. 대자연에 "이 사람을 용서해 주십시오."라고 해놓고 내 마음이 움직인다면 "용서해 주십시오."라고 말만 한 것이지 진심으로 용서해 주라고 빈 것이 아닙니다.

진심으로 용서해 주라고 빌었다면 그 사람이 웃으면서 가도 나는 가만히 있어야 합니다. 희한한 짓을 하면서 침을 "퉤!" 하고 뱉고 가도 내 마음이 움직이지 않아야 합니다.

대자연에 내가 용서해 달라고 했으면, 대자연이 알아서 한 것을 보고 그가 나에게 다시 욕을 하더라도 나는 동動하면 안 됩니다. 동하면 다음에 더 큰 어려움을 내가 또 맞아야 합니다.

그래서 객기를 부리면 안 된다는 것입니다. 용서를 가지고 객기를 부리면 내가 또 얻어맞습니다.

대자연에 용서를 해 달라고 하지도 마세요. 무슨 말이냐 하면, 용서를 한다고 그 사람을 위해 대자연에 빌어주는 것도 바른 법이 아니라는 것입니다. 내가 아픔을 겪었으니까 그 사람을 용서해 달라는 것입니다. 내가 아픔을 겪었으면 내가 잘못을 뉘우쳐야지, 내가 그 사람을 용서하면 안 된다는 것입니다.

내가 하느님께 그 사람을 용서해 달라고 이야기한다면, 그 사람을 잘못한 사람으로 결론 내린 것이 아닌가요? 내가 아픔을 당했으니 내가 용서를 받아야 되지, 어찌 그 사람이 용서를 받아야 되나요? 내가 왜 아픔을 당했는지, 잘못이 무엇인지를 찾아내야지 상대를 잘못한 사람으로 만들면 되나요? 이것은 우리 잣대로 판단하는 것이지 대자연에는 이런 법칙이 없습니다. 그러니 왜 용서를 우리가 할 수 없다고 하는지 원리가 여기에 있는 것입니다.

내가 아프면, 나의 잘못을 찾아서 내가 용서를 빌어야 합니다. 이것은 사람이 사람을 절대 용서할 수 없다는 법칙이 있기 때문입니다. 내가 어려움을 겪는다면 내가 지금 죄인임을 알아야 합니다.

—
그러면 대자연에 "저를 용서해 주십시오." 하고 기도하는 것은 어떻습니까?

깨우쳤다면 스스로 됩니다. 그런데 깨우치지도 않고서 나의 잘못이라고 하더라며 잘못도 찾지 못해 놓고 대자연에 용서를 빌면 다음에 또 얻어터집니다. 잘못을 찾아서 잘못인 줄 알고 용서를 빌어야 합니다.

—
그런데 보통 사람들은 자기 잘못이 무엇인지 잘 모르고 "내가 도대체 뭘 잘못했는데?"라고 합니다. 스승님께서는 잘못을 찾으라고 하시는데 어떤 식으로 찾아야 합니까? 종교에 가도 그런 것을 알려주는 사람이 없고 자기 스스로 찾기에는 너무 버거운데, 어떻게 해야 합니까?

종교에 가도 알려주는 데가 없다고 하는데, 이 사람에게 오면 알려주겠습니다.
사람은 나를 이해시키고 가르쳐 줄 사람을 찾아가는 것입니다. 찾아갔는데 내가 이해되게끔 안 해 주고 나를 찾아 주지 못한다면 실력이 모자라는 사람을 찾아간 것입니다.

종교에 가면 다 풀어 준다고 누가 이야기했어요? 종교에 가면 내 잘못을 다 깨우치게 해 준다고 하느님이 그렇게 말했어요? 그 사람이 실력이 있는지 없는지 그것도 모르고 내가 그렇게 알고 찾아갔던 것입니다. 그렇게 찾아갔을 때 나를 이해시켜 주면 실력이 있는 사람을 만난 것이고, 이해를 못 시켜 주면 실력이 없는 사람을 만났으니까 풀리지 않는 것입니다. 그래서 여기도 찾아가 보고 저기도 찾아가 보는 것입니다.

오늘날의 이러한 법칙은 이제 찾으러 가면 풀릴 때가 되었기 때문에 지금 이 물음이 나오는 것입니다. 이 사람에게 오세요. 이해가도록 풀어 주겠습니다. 이해를 한다는 것은 정리할 수 있는 길을 열었다는 얘기가 됩니다. 나쁜 일도 바르게 정리하고 나면 두 번 다시 나쁜 일이 안 생깁니다.

그러나 이것을 정리하지 못하면 정확하게 나쁜 일은 또 옵니다. 한 번 안 좋은 일이 왔다는 것은 이것을 해결하지 못하면 또 온다는 예고까지 되는 것입니다. 예고장까지도 그 안에 포함되어 있습니다. 그래서 교통사고를 한 번 당한 사람이 자꾸 당하고, 병원에 간 사람이 또 가게 되고, 교도소 간 사람이 또 갈 일이 생기는 이런 일들이 계속 생기는 것입니다. 단골이 되는 것입니다.

욕 들어 먹던 사람이 또 욕 들어 먹고, 사기 당한 사람이 또 당하고, 도둑을 맞은 사람이 또 맞습니다. 그 줄로 지금 공부를 시키려고 들었는데 내가 깨우치지 않는 이상 이것은 벗어날 수가 없습니다.

—
'용서'라는 말은 인간이 써서는 안 된다는 것입니까?
—

단어는 있으되 인간이 쓰는 것이 아닙니다. 알고 있으라고 지금 만들어 놓은 것입니다. 용서의 반대가 뭐예요, 복수죠? '용서와 복수' 이런 것들은 단어는 있으되 쓰는 것이 아닙니다. 우리가 행동으로 하는 것이 아닙니다. 알게 해 주기 위한 분별력을 갖게 해 주는 것입니다.
(저희들은 거꾸로 용서해 주는 사람을 대인으로 보았습니다.)
그래서 자기가 나빠지는 것은 또 누구에게 말합니까? 지금 당장 모양새를 내 기분 좋게 해 준다고 해서 되는 것이 아니고, 내가 그런 일을 안 겪고 삶이 좋아져야 됩니다.

인간은 그런 것을 안 겪고 삶이 좋아져야 득이 되는 것입니다. 삶 자체에 도움이 되어야지, 용서해 주고 또 누가 아주 대단하게 보아주어서 내 기분이 우쭐해 지는 것은 정확하게 다시 떨어집니다. 거품은 항상 꺼지게 되어 있습니다.

—

여태껏 영화나 드라마를 보면, 어떤 아픔을 당한 사람이 마지막에 복수를 하면서 권선징악과 인과응보가 당연한 것으로 묘사를 하는데, 그것이 전부 다 잘못된 것이네요?

—

그러니까 거기까지만 나오고 뒤에 것은 안 나옵니다. 항상 영화 같은 데에서는 복수를 하고 "짜짠~" 하며 끝난다는 말입니다.

복수를 했으면 감옥에 가거나, 아니면 평생을 도망 다니며 살아야 합니다. 복수의 집념 때문에 보낸 그 시간만큼 정확하게 도망 다니며 살든지, 교도소에 들어가서 감옥에 갇혀 살든지, 분명히 불안하게 살아야 됩니다. 과연 그것이 복수한 것일까요? 내가 집착을 가지고 잘못한 만큼 그 벌은 내가 받는다, 이 말입니다. 正

MY JUNGBUB NOTE

MONTH 1 2 3 4 5 6 7 8 9 10 11 12
DAY 1 2 3 4 5 6 7 8 9 10 11 12 13 14 15 16 17 18 19 20 21 22 23 24 25 26 27 28 29 30 31

―――――――――――――― 지금 나의 환경 ――――――――――――――

―――――――――――――― 나의 정법 명언 ――――――――――――――

―――――――――――――― 느낌 + 생각 ――――――――――――――

정법강의 5강 용서(Forgiveness)

6
저는 왜 인복이 지지리도 없을까요?

Q. 유독 인복이 있는 사람이 있는데, 그런 사람은 갑자기 어떤 일이 생기면 그때마다 도와주는 사람이 딱딱 옵니다. 그런데 저는 인복이 지지리도 없습니다. 인복이라는 것이 사주상 정해져 있는 것인지, 아니면 인복 있는 사람은 바르게 잘살아서 도와주는 사람들이 오는 것인지 궁금합니다.

강의일자: 2011. 12. 01.

무엇이 인복인지 분별을 좀 해야 합니다.

내가 돈이 없을 때 돈을 주는 사람이 있으면 인복이 있다고 하고, 쌀이 떨어졌을 때 쌀을 주는 사람이 있어도 인복이 있다고 합니다. 즉, 나에게 좀 잘해 주는 사람이 주위에 많으면 인복이 있다고 하는데, 그것은 인복이 아닙니다. 그것을 인복으로 치면, 인복 없는 사람은 이 세상에 하나도 없습니다.

만약 내가 지금 무언가를 깨우치지 못할 때 귀싸대기를 한 대 때리는 사람이 오면 인복이 있는 거예요, 없는 거예요?

내가 정신을 못 차릴 때 나를 나무라고 정신이 번쩍 들게 혼내주는 사람이 있으면 진짜 인복이 있는 것입니다. 다시 말해, 내가 정신을 못 차리고 있을 때 깨우쳐 주는 사람이 오는 것보다 더 좋은 인복은 없다는 말입니다. 그러니까 인복은 내가 찾아서 먹으면 내 인복이 되고, 이것을 욕을 해 버리면 인복을 차는 것이 됩니다.

쌀이 없을 때 쌀을 주는 사람이 있다고 해서 인복이 있는 것이 아닙니다. 그냥 쌀을 받으면 '내가 왜 쌀도 없이 살아야 되는지, 왜 남의 도움을 받아야 되는지' 그 이유를 모릅니다. 그리고 이런 사람은 늘 남의 도움을 받고 삽니다. 그렇게 되면 '나는 인복이 많다'라고 하는 것은 '나는 남의 도움을 많이 받았다'는 이야기와 똑같은 것입니다. 이런 사람은 조금 어려워질 때마다 남의 도움을 자꾸 받아서 넘어가고 넘어가고 하는데, 밥 잘 먹고산다고 그것이 잘사는 것이 아닙니다. 그리고 누가 고기도 사 주고 또 차도 한 대 사 준다고 해서 자신에게 도움 되는 것이 아닙니다.

내 것은 내가 해결할 수 있도록 나를 만들어야만 내 삶을 바르게 사는 것입니다. 이렇게 되도록 이끌어 줄 때 도움을 받았다고 하는 것입니다. 그러므로 남의 도움을 받고 사는데 인복이 있다고 하면 안 됩니다.

그리고 지금 조금 어렵게 만들어 놓은 것은 나를 가르치기 위해서입니다. 그런데 저 사람이 와서 내가 그런 생각을 하지 못하게 막아 버린다면, 내가 깨우칠 수 있는 기회를 막아 버리는 것입니다. 이것은 인복이 아닙니다.

인복이란, 내가 내 인생을 살 수 있도록 바르게 이끌어 줄 때, '나는 사람 덕을 봤다', '누구의 도움을 받았다'고 하는 것입니다. 그런데 지금 우리는 어려운 사람들을 자꾸 물질로 도와주면서 '도와준다'라고 하는데, 이것은 돕는 것이 아닙니다. 경제를 주는 것은 돕는 것이 아니라는 것입니다.

만일에 이것이 좋은 일이라고 하면, 늘 도움을 받은 사람은 좋은 일을 한 것이 없으니까 지옥에 가야 됩니다. 그리고 경제를 자꾸 준 사람은 좋은 일을 많이 했으니까 천당에 가야 됩니다. 그러면 내가 천당에 가려고 상대를 지옥에 보낸 것이 됩니다. 상대는 계속 얻어먹었으니까 지옥에 보내고, 상대를 지옥에 보내는 대신 나는 상대를 밟고 천당에 가는 것입니다. 이렇게 되면 하느님이 운용을 잘하는 것입니까? 아닙니다. 이렇게 되면 뭔가 잘못되어 가는 것입니다.

도움이 무엇인지 다시 생각해 보아야 합니다. 이제는 무식할 때가 아니라 지식사회입니다. 백 년 전, 천 년 전과 같이 이 사회가 무식했던 시절에는 가난한 사람에게 밥을 주고 헐벗은 사람에게 옷을 주면 도움이라고 생각했습니다.

그러나 오늘날 지식사회에서는 무엇이 도움이 되고 무엇이 해害 가 되는지를 분명히 알아야 됩니다. 경제가 어렵다고 해서 경제를 자꾸 대준다고 도움되는 것이 아닙니다. 그렇게 도와주는 사람은 오히려 적이 됩니다. 그래서 경제를 도운 사람이 뒤통수를 맞는 것입니다. 이때까지 수백 년, 수천 년 동안 이것을 경험했는데 아직도 깨치지 못하고 있습니다.

"나는 그 사람이 어려울 때 김치도 담가주고 쌀도 대주고 또 옆방도 내줬다."고 이야기를 하는데, 지금 뭔가 배신을 당했기 때문에 이런 소리를 하는 것입니다. 물질로 남을 도왔다고 착각을 하니까 두드려 맞는 것입니다. 물질을 주어서 그 사람에게 기회를 준 것 같지만 그 사람이 깨칠 수 있는 시기를 전부 다 막아 버렸다는 사실입니다.

그리고 한 번 도움을 받으면 노력했던 것이 수포로 돌아갑니다. 점점 더 어려운 것을 처리해야 되는 세상이 자꾸 다가오는데 내가 그 시기를 바르게 보내지 못했기 때문에 세상을 이겨 나가는 방법을 찾지 못해 더욱 힘들어지는 것입니다.

내가 발전을 하지 않고 있으면 계속 남에게 손을 내밀어야 되는 비굴한 삶을 살아야 합니다. 이렇게 되면 내 삶을 못 살고 헤매다가 죽는 꼴이 됩니다. 그러므로 이것은 나를 돕는 것이 아닙니다.

내가 어려울 때 쓴말 한마디를 해 주거나 또 경제를 도와줄 때는 자신의 시간까지 투자를 해서 이끌어 주어야 진짜 도움이 됩니다. 백만 원을 도와주려면 백만 원어치 내 고통과 시간까지 같이 움직여서 노력을 해 주어야 된다는 말입니다. 그런데 돈만 주고 노력이 따라주지 않는다면 오히려 상대에게 해가 됩니다. 그러니까 물질을 주면서 함부로 도왔다는 생각을 하지 마세요. 그렇게 하면 지금 다가오는 그 사람 인생을 내가 방해하는 것이라고 생각해야 합니다.

내가 인덕이 있다, 인복이 있다는 것은 내가 깨우치지 못할 때 깨우칠 수 있도록 따끔하게 한마디씩 해 주는 사람이 내 주위에 있다는 것입니다. 그럴 때 나는 천복天福을 얻는 것입니다.

―
도와주었다는 의미에 대해서 질문 드리겠습니다. 불교에서는 '무주상보시'라고 하면서 도와주어도 도와주었다는 마음을 내지 말라고 합니다. 이 말 자체도 어폐가 있다고 보아야 되는 것입니까?
―

남을 도와 놓고 도왔다는 생각을 하지 말라고 하는데, 이것은 남을 도와준 것도 아닐 뿐더러 말장난입니다. 우리가 지식을 갖추지 못했을 때 이 논리도 만들고 저 논리도 만들면서 이런 말장난이 많이 빚어졌습니다.

우리가 물질로 상대를 자꾸 도와주고 나서 그것을 잊어버리려고 하면 어떤 일이 생기느냐? 너의 것을 싹 뺏어서 망하게 해 버립니다. 그리고 시험지를 딱 넣습니다.
내 것을 다 뺏긴다면 내가 도와준 사람은 정확하게 부자가 됩니다. 대자연에서 바르게 일을 한다면, 내가 도와준 사람은 절대 못 일어나게 해야 합니다. 남의 도움을 자꾸 받는 사람이 일어나게 하면 안 되는 것인데, 내가 도와줘서 상대가 일어난다면 나는 망하게 되어 있습니다.
망하고 나면 어떤 꼴을 당하느냐? 주위에서 누군가 "그 사람에게 한번 찾아가 보지, 옛날에 그렇게 많이 도와줬는데..." 이렇게 이야기를 하면 "내가 그때 뭐 도와준 것이 아니고..."라고 합니다. 그러면 나를 점점 더 어렵게 만들어서 내 귀에 자꾸 그런 이야기가 들어오게 합니다. 나중에는 못 이기는 척하고 가 보았다가 아주 지독한 소리를 듣게 됩니다. 이때 "나는 당신을 도와주었다고 생각하지는 않았지만 그래도 나에게 이렇게까지 할 줄은 몰랐다."는 소리가 톡 튀어 나옵니다.
그러니까 내가 도와주었다고 생각하는지 안 하는지, 내 입에서 그 말이 나올 때까지 아주 어렵게 만들어 버리는 것입니다. 내가 그동안 도와준 사람과 딱 연결시켜서 조금 비굴한 생각을 갖고 찾아가게 만듭니다. 그래서 희한한 소리를 듣고 너무하다는 생각을 하게 만든다는 것입니다. 대자연은 정확하게 내 속의 것이 다 기어 나오게 합니다. 이런 일을 많이 보았을 것입니다.

우리 아날로그들은 이런 일을 많이 보면서 성장을 했습니다. 이 세상은 아날로그들을 공부시키기 위해서 부작용과 모순이 엄청나게 나오도록 운용되었고, 우리 아날로그들은 그 속에서 다른 사람이 경험하지 못한 것을 경험하면서 성장했습니다. 이런 것을 보고 들으면서 성장한 것도 바른 지식을 갖추기 위한 우리들의 공부였습니다.
"아무리 도와주어도 본 체 없더라."라는 소리를 이런 것을 겪은 사람들에게 들었습니다. 물질을 주어서 그런 일이 있었던 것입니다.

'무주상보시'라고 하면서 '도와주어도 도와주었다는 마음을 내지마라'와 같은 그런 말들은 사람들이 만들어 낸 이야기지, 대자연의 법칙에 있는 말이 아닙니다. 인간들이 살아가면서 만들어 놓은 이야기를 바른 것인양 호도해서 결론을 내려버리면 안 된다는 말입니다.
이때까지 세상에 나온 모든 것은 비유하기 위해서 나온 것이고, 정법을 생산하는데 필요한 모순의 재료가 나왔다고 생각하면 정확합니다. 지금까지는 모순을 빚고 재료를 만들던 시대였지, 바른 법은 하나도 나온 적이 없습니다.

앞으로 2013년부터 바른 법칙이 하나하나 나오기 시작하는데, 이것이 '정법'이라고 하는 것입니다. 정법은 모순 속에서 나오는 것입니다. 모순을 거름 삼아서 그 거름 위에 정법이 탄생하는 것입니다. 그것이 인본시대요, 정법시대라고 하는 것입니다.

―
저희들이 사주를 보러 가면 "당신은 귀인을 만날 것이오." 할 때 그런 사람을 귀인으로 보아야 합니까?
―

사주도 그 당시 사주입니다. 사주에서 쓰는 용어들이 오늘날 만든 것이 아닙니다. 몇천 년, 몇백 년 전에 쓰던 말들을 가지고 용어를 끼워 맞추어서 지금 쓰는 것입니다. 오늘날 지식을 다 갖춘 지식인들이 만든 논리가 아니라는 것입니다. 무식할 때 만든 논리라는 말입니다. 오늘날은 최고의 지식사회이고 백 년 전, 천 년 전에는 무식한 사회였습니다. 우리가 무식할 때 빚어놓은 것을 오늘날 정확한 줄 알고 쓴다면 이것은 모순입니다. 이때까지 오는데 거름이 되고 만져볼 수는 있었지만 오늘날의 법칙은 달라야 합니다. 이것이 패러다임의 전환이 되는 것입니다.

우리가 착한 일을 바른 일이라고 생각했던 이런 패러다임을 착한 것과 바른 것은 다

르다는 것으로 바로 잡아야 합니다. 착한 것은 착한 것일 뿐, 바른 것은 아니라는 것입니다. 바른 것은 바른 분별로 냉철하게 행하는 것을 바른 것이라고 하는 것입니다. 착한 것은 안된 사람을 그냥 동정하는 것이 착한 것입니다. 동정하는 것과 바른 것은 다릅니다. 우리가 무식할 때는 동정에 끄달려 상대를 망치게 해서 내가 뒤통수를 맞습니다. 그러나 지금 지식사회에서는 동정에 끄달리지 말고 바른 일을 행해야 합니다. 그러면 상대에게 도움이 된다, 이 말입니다. 正

MY JUNGBUB NOTE

MONTH   1 2 3 4 5 6 7 8 9 10 11 12
DAY   1 2 3 4 5 6 7 8 9 10 11 12 13 14 15 16 17 18 19 20 21 22 23 24 25 26 27 28 29 30 31

―――――― 지금 나의 환경 ――――――

―――――― 나의 정법 명언 ――――――

―――――― 느낌 + 생각 ――――――

정법강의 6강 저는 왜 인복이 지지리도 없을까요?

정법강의   JUNGBUB LECTURE

8
2012년 12월 21일 지구종말

Q. 최근 2012년 12월 21일에 지구가 종말할 것이라는 예언이 새겨진 마야 유물이 발견되었다고 합니다. 그래서 이것이 굉장한 화제가 되고 있는데, 이것 외에도 지금까지 많은 예언들이 2012년 종말을 많이 얘기하고 있습니다. 정말 2012년에 지구가 종말하는 것입니까?

강의일자: 2011. 12. 04.

2012년에 지구가 종말할 것 같으면 오늘 거짓말을 막 해도 안 들키겠네요? 이 사람이 잘못 가르쳐도 되고 내일 마트를 좀 털어도 되겠네요? 지구가 곧 종말이 될거니까...

2012년에 지구가 종말하는 일은 절대 없습니다. 지금 종말이라는 말은 나왔는데 어떻게 종말이 된다는 것까지 구체적으로 나왔습니까? 지구가 종말하는데 이 지구에 사람이 한 명도 못 살아남는 종말입니까, 대다수의 사람은 살아남는 종말입니까? 지구는 종말하는데 대다수 사람이 살아남으면 어떻게 될까요?

우리가 종말을 달리 풀어 보아야 합니다. 2012년이면 무엇인가가 정리되는 것은 분명합니다. 이것이 과연 무엇이냐? 우리가 이때까지 추구하고 살아오던 방식이 정리되고 끝나는 것입니다. 3:7의 법칙으로 하여금 선천시대가 후천시대로 된다는 말입니다.

대자연이 진화 발전해서 지구가 탄생한 것입니다. 은하계가 발복하고 발전하면서 태양계와 지구가 탄생했습니다. 그리고 지구 안에서 많은 변화가 일어나면서 진화 발전을 해왔습니다. 이 과정에서 인간이 태어나게 되었고 인간의 역사가 시작되었습니다. 그때부터 지금까지 얼마만큼 진화 발전을 해왔느냐? 정확하게 70% 진화 발전을 했습니다. 그러면 앞으로 더 진화 발전을 할까요? 아닙니다. 진화 발전은 70%가 끝입니다. 인간의 진화 발전은 이것으로 끝이라는 이야기입니다. 연도가 어떻게 만들어졌든, 3 : 7의 대자연의 법칙에 의해 내년이 끝입니다. 이것이 2012년입니다.

대자연은 우리가 살아가는 모든 것을 3 : 7의 법칙으로 살아가도록 해 놓았습니다. 그리고 이 지구를 탄생하게 한 은하계 자체도 3 : 7의 법칙으로 생겨난 것입니다. 3 : 7의 법칙으로 유무有無 분리가 일어나서 대자연에는 유有가 3, 무無가 7의 에너지 법칙으로 분리되어 있습니다. 그리고 우리는 지금 태초 대자연에서 분리되어 유 안에 있는 것이며, 유의 육신을 쓰고 오늘까지 살아왔고, 2012년에 70%의 진화 발전이 끝난 다는 것입니다. 이것을 종말이라고 합니다.

그러면 종말이 되면 우리는 이제 그만 살게 되느냐?
30%가 남았습니다. 그렇다면 70%는 무엇을 했을 때냐? 이 세상에 있는 모든 것을 만들어 내기 시작하고, 모든 논리를 만지고 살아온 것입니다. 인류가 수천, 수만 년 동안을 살아오면서 만든 의식과 양식 그리고 논리를 다음 세대에 계속 물려주면서 조금씩 진화 발전하여 지식을 만들었고 오늘날의 우리가 이 지식을 먹고 성장한 것입니다.

인류가 그동안 진화 발전해 오면서 쌓아왔던 지식이라는 압축된 에너지는 한 곳으로 모여 이동하는데, 2차 세계대전 이후부터 이 해동 대한민국으로 이동하게 되었습니다. 지금의 우리는 인류의 모든 지식을 다 쓸어 마시며 진화 발전한 것입니다.

2012년은 우리가 성장을 다하는 순간입니다. 지식을 다 갖추었다는 이야기입니다. 사람마다 정도의 차이는 있겠지만 50대 안팎의 사람들이 지식을 다 갖추었을 때가 2012년입니다. 이 사람들을 키우기 위해 대자연은 이 모든 환경을 만들어 운용해 왔던 것입니다. 그렇게 인류의 지식과 문물을 다 먹고 성장한 자들이 이 세상에 출현한 것입니다. 이것이 1단계 공사의 끝입니다.

3 : 7의 법칙으로 보면 70%의 공사가 끝난 것입니다. 원래대로 말하면 2단계 공사가 되는 것입니다. 70%인 7은 다시 3과 4로 나누어집니다. 3은 이 지구를 완성시켰습니다. 이 지구에 인간 씨가 나오기 전까지가 30%입니다. 인간이 태어나고부터 40%를 완성해서 70% 완성된 것입니다. 이 70%가 완성되고 나면 이 세상에 있는 지식이라는 지식은 다 빚어진 것입니다. 그 지식을 가지고 살아오면서 모순 또한 빚어져 우리가 분별할 수 있는 그 모든 것들을 이 세상에 생산해 놓았습니다.

이것을 보고 선천시대의 공사라고 이야기하는 것입니다. '천지대공사'에서 지상에서 할 수 있는 일은 다 끝났습니다. 이 말은 곧 우리가 쓸 수 있도록 모든 것을 이 지상에 빚어 놓았다는 것입니다.

조금 이해되기 쉽게 풀어 설명하겠습니다. 이제까지는 우리가 힘의 논리로 살았던 시대로, 내 것을 챙기고 축적하며 살던 시대였습니다. 땅과 경제 그리고 지식도 내가 갖추고자 하면 각자가 챙기는 시대였습니다. 사적私的으로 사는 시대가 이때까지 일어난 것입니다. 그러나 이것은 선천시대의 운용법이었고 2013년부터는 달라집니다. 후천시대가 도래하기 때문입니다.

2012년까지는 동물적인 삶을 사는 것입니다. 인간의 '간間'은 사이 간 자로, 완전하지 못하다는 뜻입니다. '완전한 것'과 '완전하지 못한 것'의 사이에 있는 것이 인간입니다. 종교에서는 중생이라고 하는데 이것도 가운데 중中 즉, 사이에 있다는 뜻입니다. 우리는 중간 삶을 살고 있습니다. 사람도 아니고 동물도 아닌 중간에 사는 중생인 것입니다.

그리고 서로가 양심을 가지고 살아도 해결 나지 않는 약육강식의 동물적인 삶을 살고 있는데, 그것은 사적으로 살기 때문입니다. 하지만 이제 공적公的인 세상을 살게 되는 후천시대가 도래하게 됩니다. 사적으로 챙겼던 것들을 내놓는 시대가 2013년부터 열리는 것입니다.

그러면 어느 것부터 내놓기 시작하느냐? 개인이 갖춘 지식부터 내놓기 시작합니다.

분명히 내 지식인데 모든 사람이 쓸 수 있도록 거대한 그릇인 인터넷 홈을 만들어 전 세계 사람들이 그곳에 모든 지식을 던져 놓습니다. 이제부터 그 지식을 공유하며 지혜를 여는 사람들이 나오게 됩니다. 아직까지 인류에는 지혜를 연 자가 없습니다. 지혜라는 단어는 있어도, 지혜를 연 사람이 이 세상에 단 한명도 나오지를 않았습니다. 후천시대에 가면 지혜를 여는 사람들이 나옵니다.

지혜를 열면 어떻게 되느냐? 하늘의 힘 즉, 천기天氣를 쓸 수 있습니다. 땅에서 나를 갖추어 하늘의 힘을 끌어내려 쓴다는 말입니다. 천지대공사는 이렇게 이루어지는 것입니다.

지식인들이 지혜를 엽니다. 지식인들이 지식을 갖출 때는 사적인 사람들입니다. 그러나 사적으로 갖춘 것으로 지혜를 열면 깨닫게 됩니다. 바로 나 자신을 깨닫는 것입니다. 그러고 나면 내 자신이 얼마나 소중한 사람인지, 이 세상에서 무엇을 해야 되는지 이런 것들을 알기 시작합니다. 그래서 선지식으로 변하게 됩니다.

그러면 이때까지 세상에 선지식이 나왔다고는 하는데 어떤 기준으로 증명한 것입니까? 추종자들이 그렇다고 해 준 것이지 이 세상이 인정해 준 것이 아닙니다. 선지식은 아직 세상에 안 나왔습니다. 인류에 있는 지식을 전부 다 쓸어 마시고 깨달은 자가 아직 안 나왔다는 말입니다.

오늘날은 인류에서 빚어 낸 지식을 전부 다 다룰 수 있는 시대입니다. 이 시대에 오늘날의 지식을 가득 먹은 자들이 깨달으면 바로 이들이 선지식이 됩니다. 선지식이 되면 지혜가 열리고 지혜가 열리면 그들이 하는 일은 빛이 납니다.

이들이 지혜를 열면 사심私心이 아닌 공심公心으로 바뀝니다. 이렇게 되면 하늘이 돕기 시작합니다. 천기가 돕는다, 이 말입니다. 하늘의 힘이 내려오고 모든 신들은 이들에게 모이기 시작합니다. 그러면 이분들이 그동안 세상에서 만지지 못하던 모순점을 모두 해결하기 시작합니다. 이것이 바로 '후천시대를 연다' 또는 '인본시대가 도래한다'는 것이며, 이것은 2013년부터 시작됩니다.

2013년부터 지식인들이 발복하는 시대가 열립니다. 2012년까지는 지식을 갖추는 시대였다면 이제부터는 갖춘 지식을 쓰는 시대입니다. 그리고 경제를 갖추는 시대였다면 이 경제가 쓰임새 있게 돌아가는 시대이며, 이때까지 고생한 자가 있었다면 이 고생한 자가 기쁘고 즐거운 일을 맞이하고 행복한 일을 맞이하는 시대입니다.

이런 일들이 일어나게 하는 것이 지식인들이며 이들이 이제 움직일 것입니다. 이것을 인본시대라고 하며, 이들이 인간시대가 아닌 인본시대의 서막을 열어 나가게 됩니다.

어디서부터 시작되느냐? 해동 대한민국에서부터 인본시대의 역사를 쓸 것입니다. 후천의 역사는 2013년부터 기록됩니다. 후천은 인본시대, 정법시대, 후천개벽시대 이렇게 세 가지로 표현하면 됩니다.

지금까지 개벽이라고 아무리 떠들어도 그것은 영적으로 받은 메시지였고, 알고 있으라고 가르쳐 준 것입니다. 그러나 지금은 사람이 도래하고, 사람 사는 세상이 열립니다. 그러니까 인간에서 사람이 사는 세상으로 바뀌는 시대가 열린다는 말입니다. 이것이 2013년부터입니다.

이 세상에 '사람'이 출현하면 그들은 자신을 위해 살지 않고 타인을 위해 삽니다. 인간은 동물적인 근성이 있기 때문에 나를 위해서 살지만, 깨달은 선지식은 나를 위해 살지 않고 공인의 삶을 삽니다. 이들은 사람을 널리 이롭게 하는 설계를 할 것이며, 평화로운 세상을 열어 나가는 설계를 해서 세상의 암흑을 걷어냅니다. 이러한 시대를 후천개벽시대라고 하며 이것을 두고 '종말'이라고 하는 것입니다.

종말이라는 메시지를 받아 종말이라는 말은 했지만 그 깊은 뜻은 풀어 주지를 못한 것입니다. 이제 이 사람이 정확하게 풀어 줄 것입니다.

종말은 선천시대가 끝나고 후천시대가 시작하는 때를 알리는 것이며, 선천시대를 살아오던 패러다임이 바뀌는 것입니다. 욕심을 부리던 시대에서 모든 것을 내놓는 시대가 이제 열립니다. 욕심을 부리며 개인이 쥐고 있던 경제와 지식을 사회에 내놓는 시대입니다.

누구부터? 지식인부터 내 것을 사회에다 내놓기 시작합니다. 그리고 많은 사람들이 내놓은 것을 공유하고 잘 써서 살기 좋은 세상이 열리기 시작하는 일이 2013년부터입니다.

그런데 우리가 종말의 잣대를 잘못 갖다 대

었습니다. 무엇을 종말하는가? 우리의 살아가는 모든 습관을 바꾸는 것입니다.
그러면 종말이 되면 한꺼번에 모두 바뀌느냐? 우리들은 그대로 살고 있지만 선지식이 나와서 우리들에게 사는 원리를 가르쳐 주고 힘을 주고 이끌어 주기 시작하면서 빛이 나기 시작할 것입니다.
나를 갖추던 실력자들이 일어나면 이 세상에 있는 먹구름은 다 걷어질 것입니다. 그렇게 하기 위해 온 국민이 자식을 공부 시키려고 혼신을 다했던 것입니다.

이 민족이 전부 합심해서 자식을 공부시키려고 했던 적이 있었나요? 역사 이래로 처음 있는 일입니다. 그 이전에는 신분제도가 있어서 30% 안에 있는 사대부 자손들만 교육을 받을 수 있었지, 70% 백성들의 자손들은 공부를 못하게 했습니다. 왜? 그때까지는 공부할 사람만 공부하라는 것입니다. 그러나 전부 다 힘을 모아 진화 발전을 시켜 공부할 때가 오면 모두 공부하도록 되어 있었던 것입니다. 이것이 2차 세계대전 이후의 일입니다. 전후 1세대가 태어나면서부터 그들을 키우기 위해 인류 사회에 있는 모든 문물을 이 땅에 들여오기 시작했던 것입니다.

우리는 전쟁을 일으켜서 피를 흘리며 싸우고 이 나라를 힘들게 했다고 그들을 미워해서는 안 됩니다. 이렇게 되도록 환경을 만들었던 대자연의 작업이었음을 깨우쳐야 합니다.

2차 대전 이후로 우리 국민들이 사는 모습을 보십시오. 선조님들, 부모님들이 살던 때와는 사는 방식이 다릅니다. 모두가 내 자식을 공부시키려고 환장을 했습니다. 지식인을 만들기 위해 온 국민이 고생했던 것입니다. 부모는 물론이고 동생도 누나와 오빠를 위해 학비를 대주고 뒷바라지하며 무언가를 생산하기 위해 혼신을 다했던 것입니다. 그렇게 해서 오늘날의 50대 안팎의 지식인들이 탄생한 것입니다.
이들은 아직까지 세상을 경험하며 배우고 있었던 것이지 세상을 위해 일한 적이 없습니다. 이들이 해야 될 일은 다른 것입니다. 그러므로 일반 백성들이 할 수 있는 일을 하고서 일을 했다고 생각하면 안 됩니다. 백성의 피와 땀을 먹고 성장한 사람들이 깨우치지 못하면 이 나라는 두 번 다시 도약하지 못합니다. 지금까지는 백성들이 열심히 노력하여 이 나라를 폐허에서 여기까지 올려놓았습니다. 이렇게 쌓아온 힘을 바르고 지혜롭게 설계하여 운용한다면 인류의 지도자로 우뚝 설 것입니다. 그러나 백성의 피와 땀을 먹고 자란 이들이 흥청망청 쓰면서 나밖에 모르고 산다면 이 나라는 몰락하고 말 것입니다. 바로 이것이 우리가 말하는 종말입니다. 희망을 위한 '사私의 종말'이며 공으로 가는 것입니다. 그래야 멋진 세상이 열리게 됩니다. 이때는 땅도 요동을 치고 하늘도 요동을 치는 이런 일들이 얼마든지 일어날 수 있습니다. 인간이 말살되는 종말이 아니라 새로 거듭나는 시대가 온다, 이 말입니다. 희망의 시대를 열고 평화의 시대를 열어가는 첫발을 내딛는 때가 온다는 것입니다.

해동 대한민국의 지식인들부터 그 한 발을 내딛기 시작할 것입니다. 이들이 행하는 모든 것은 인류에 득 되는 일이 될 것입니다. 과거 수백 년, 수천 년 전에 철학자들과 예언자들은 하늘의 기운을 읽어서 이런 것들을 예언해 두었습니다.

동방에 해 뜨는 나라, 이 나라가 깨어날 때 인류의 평화가 열리게 되는 것입니다. 그래서 인류가 그동안 축적해 두었던 모든 지식과 에너지를 전부 다 몰아서 2차 대전 이후로 이 나라에 들여오기 시작했고 우리는 그것을 먹고 성장하여 발전했던 것입니다. 그런데 인류의 종말이라니, 당치도 않은 얘기입니다.

이 세상을 엎어 버리려고 우리가 이만큼 노력하며 살아왔다는 말인가요? 이 한 맺힌 세상을 한도 풀지 못하고 간다는 말인가요?

우리가 어릴 때 무엇을 배우며 성장했는지를 생각해 보세요. 뭘 배웠어요? 민족의 역사적 사명을 띠고 이 땅에 태어났다라고 배웠습니다. 조상의 얼을 되살려 저마다 소질을 계발해서 안으로는 자주독립을 이룩하고 밖으로는 인류 공영에 이바지할 때라고 배웠습니다. 이것을 누가 배웠습니까? 아날로그 세대 중에서도 50대 안팎인 사람들, 지금 지식인들이 몽둥이를 맞아 가며 배웠습니다. 아, 지금의 지식인들은 몽둥이로 맞지 않고 배웠겠네요. 무식한 자들은 숙제로 외워 오라고 하니 그 많은 것을 다 외워 올 수 없어 몽둥이로 맞았지만 지금 지식인들은 외워 오라고 하니 단번에 외워 몽둥이로 맞지 않았습니다. 떡잎부터 알아본다고, 이들이 바로 지금의 지식인들입니다. 그렇게 골수에 박은 것입니다.

그 당시에는 무식할 때 국민교육헌장을 주

입받았지만 지식인으로 깨어난 지금 우리가 그것을 다시 만져야 합니다. 이것이 핵심입니다. 우리는 민족중흥의 역사적 사명을 띠고 이 땅에 태어난 사람들입니다. 무식할 때 우리에게 주입을 시켰지만 이것이 우리들의 삶이며 해내야 될 일입니다. 조상의 얼을 우리가 빛내야 하며 조상의 한을 풀어 주어야 합니다.

이 민족은 한恨의 민족입니다. 이 한을 풀어 주려면 어떻게 해야 될까요? 인류를 득 되게 하여 세계적으로 존경받는 지도자로 거듭날 때 우리가 기쁘게 됩니다. 우리가 기쁘게 살면 우리 조상들이 기쁠까요, 슬플까요? 우리가 기쁠 때 조상들의 한이 풀리는 것입니다. 우리가 즐거우면 조상도 즐겁고, 우리가 기쁘면 조상도 기쁘고, 우리가 행복하면 조상도 행복해집니다. 한이 다 녹아서 풀린다, 이 말입니다.

우리가 이런 시대를 만들어 내지 못하면 조상의 얼을 절대 빛낼 수가 없습니다. 저마다 소질을 계발해서 안으로는 자주독립을 이룩하라고 했습니다. 그 말은 우리들의 법을 세우라는 뜻입니다. 이 나라의 법이 있을 때 인류의 지도자가 될 것입니다. 정법시대가 도래한다, 이 말입니다. 이 지식인들이 깨어나 바른 분별로 하나씩 법을 정리할 것입니다. 이 법이 인류 만방에 꽃을 피울 것이고, 이 나라 안에 법치주의가 생기게 됩니다. 우리가 생산하는 법으로 질서를 잡으라는 것입니다. 이것이 바로 안으로 자주독립을 하는 것입니다.

우리가 이것을 배울 때는 이미 독립선언이 있었고 이 나라의 법이 있었지만, 이것은 서양에서 들어온 것이지 온전히 우리가 만든 것이 아닙니다.

우리는 아직도 인류에 속박되어 있습니다. 내 법이 없으면 자주독립이라고 말할 수 없습니다. 그래서 안으로 자주독립을 이룩하라고 한 것입니다. 이 법을 제정해서 써 보고 이 법이 아주 기름지고 이롭게 빛이 나면, 이 법으로 하여금 인류 공영에 이바지하여 홍익인간 시대를 열라는 것입니다. 이것은 이 민족의 염원입니다. 사람을 널리 이롭게 하는 홍익인간이 되고, 이 민족이 거듭날 때 인류가 평화로워진다, 이 말입니다.

오늘날의 지식인들이 깨달아서 내 욕심을 챙기지 말고 인류 공영에 이바지해야 합니다. 이 조상의 한은 인류의 한입니다. 앞으로 우리가 어떻게 하느냐에 따라서 내 백성들은 물론이고 인류의 운명이 달라진다는 것을 알아야 합니다.

잘 보세요. 아프리카를 비롯해서 어려운 나라에서는 사람들이 기아로 굶어 죽고 말라 죽어 가고 있습니다. 그런데 내 자식만 위하고 사는 것이 홍익인간들이 할 짓입니까? 내가 배부르고 조금 좋은 방법으로 잘살겠다고 허둥대는 그러한 지도자는 없습니다. 인류의 백성들이 못 먹어 말라 비틀어져 죽고 있어요. 우리가 지혜로 풀지 않으면 절대 풀리지 않는 일입니다.
이것을 미디어로 보고 있지 않습니까? 굶어 죽어가는 것을 그냥 보고만 있을 것인가요? 우리가 바로 일어나면, 이 사람이 장담하건데 정확하게 7년 만에 기아를 없앨 것입니다. 그리고 이 민족이 이루어 낸 프로젝트를 가지고 그 일을 시작할 때 이 나라에도 정확하게 7년 만에 실업자가 단 한 명도 없게 될 것입니다.

이 나라부터 복지 문제를 모두 해결하고 복지사회를 만들 것입니다. 그러면 실업자가 없어집니다. 이 나라 국민은 지금 놀 시간이 없습니다. 뭔가 지금 잣대를 잘못 대고 있는 것입니다. 이 나라에는 실업자가 있어서는 안 됩니다. 거대하고 위대한 프로젝트를 설계해서 인류 공영에 이바지하기 위한 작업을 시작해야 되는 때가 지금 다가오고 있습니다. 지식인들이 일어나야 합니다. 백성들이 울고 있고 굶어 죽어가고 있습니다.
남북은 통일을 하지도 못하고 분단된 채, 북쪽의 형제들이 자기 역할을 하면서 기다리고 있습니다. 인류도 자기 역할을 다하고 우리가 깨어나기만을 기다리고 있습니다. 이 작은 나라 해동 대한민국, 여기에서 서광을 비출 때, 인류는 희망이 보이고 그때부터 인류가 뭉치기 시작해서 사람 세상을 연다, 이 말입니다.
사람이 살아가는 사람 세상, 이것을 인본시대라 합니다. 인류 건설은 이제부터 시작할 것입니다. 50대 안팎인 사람들과 이들을 전후로 36년, 이분들이 시작할 것입니다. 후천시대는 충만한 시대로, 이제 하느님이 역사하는 시대가 열린다, 이 말입니다.

인류가 말살된다고 누가 그랬습니까? 아직 우리는 시작도 안 했는데… 준비를 다 해놓고 지금 말살을 해 버리면 하느님도 없다, 이 말인가요? 하느님은 인류 평화시대를 여는 이 공사를 하신다고 얼마나 애태웠겠습니까? 준비는 끝났고, 이제부터 시작하면 됩니다.

이제부터 역사는 다시 쓸 것입니다. 우리는 모두 일어나야 됩니다. 이 사람이 일어날 수 있도록 도울 것입니다.
한 사람부터 일어나야 합니다. 이 한 사람이 어떤 빛을 내는지 그 빛에 따라서 전부 다 그 빛을 보고 모이기 시작하고 삽시간에 엄청난 개혁이 일어납니다. 인류가 얼마나 고생을 해서 이 나라를 이만큼 일으켰나요? 인류가 얼마나 힘을 모아서 이 나라가 일어날 수 있는 조건을 만들어 주었나요? 우리는 인류에 환원하고 보답해야 합니다.

종말론으로 불안해 하지 말고 이제 시작입니다. 이때까지 고생했습니다. 지금 무너질 때가 아니고 이제 시작입니다.
고생 끝! 행복 시작!

MY JUNGBUB NOTE

MONTH 1 2 3 4 5 6 7 8 9 10 11 12
DAY 1 2 3 4 5 6 7 8 9 10 11 12 13 14 15 16 17 18 19 20 21 22 23 24 25 26 27 28 29 30 31

— 지금 나의 환경 —

— 나의 정법 명언 —

— 느낌 + 생각 —

정법강의 8강 2012년 12월 21일 지구종말

7
깨달음-1
여여(如如)하게 살고 싶다
(1/4)

Q. 정말 어려운 질문을 하겠습니다. 어떤 비난이나 칭찬에도 취하지 않고 바람소리처럼 그 말을 흘리고 시냇물처럼 걸림 없이 여여하게 살고 싶은데 어떻게 하면 이렇게 살 수 있는지요?

강의일자: 2011. 12. 01.

정말 어려운 것을 묻는다고 하더니만, 제일 쉬운 것을 묻고 있네요.

깨달음을 가지면 그렇게 됩니다. 그런데 내가 어느 만큼 깨우쳤느냐가 중요하겠지요. 깨우침에도 정도의 차이가 있습니다. 최고의 경지로 깨우치면 여여하게 살게 됩니다.

그럼 이제부터 하나하나 잡아 들어가 봅시다.
어떻게 하면 그렇게 되느냐? 최고의 경지로 깨닫게 되면 내가 할 수 있는 일을 정확하게 하게 됩니다. 그리고 내가 할 수 있는 일을 크고 보람되게 했을 때는 누가 나에게 칭찬을 해도 거기에 흥분되거나 도취되지 않게 됩니다. 내가 행한 일이 칭찬보다 더 크기 때문에 그 칭찬이 그냥 들릴 뿐이지 도취되지 않는다, 이 말입니다. 내가 작은 일을 했을 때 칭찬에 도취되는 것입니다.
큰일을 했을 때는 칭찬을 하지 않습니다. 그때는 존

경을 합니다. 그래서 칭찬에 도취되는 일 자체가 없습니다. 칭찬으로는 약하기 때문에 그런 큰일에는 칭찬이 들어오지 않습니다. 존경하기 때문에 항상 무릎을 꿇고 그분에게 가르침을 받으려고 들 뿐, 그것을 칭찬하는 법이 없다, 이 말입니다. 그래서 크게 깨달은 자는 물 흐르듯이 살아갈 뿐입니다.

그러니 내가 여여하게 살고 싶다고 해서 그렇게 되는 것이 아닙니다. 내가 내 일을 바르게 할 때 그런 것들이 스스로 이루어진다는 이야기입니다. 답은 간단합니다.

—
그러면 이것은 반드시 큰 깨달음을 가졌을 때만이 그렇게 되는 것이고, 일반인으로서는 도저히 경험할 수 없는 것입니까?
—

절대로 맛볼 수 없습니다.

—
그러면 이런 것을 노력하는 것도 안 된다는 것인지, 노력하면 어느 정도는 자기가 원하는 레벨의 깨달음은 가질 수 있는 것입니까?
—

이것이 깨달음의 두께 즉, 척도입니다. 지금 질문은 최고의 깨달음을 물었기 때문에 최고의 깨달음에 대해 이야기한 것입니다. 하지만 사람은 누구나 자기의 삶이 있어서, 질량이 낮은 자도 질량이 높은 자도, 각자의 깨달음이 있습니다. 즉, 깨달음이라는 것은 큰 깨달음을 가진 한 사람만을 이야기하는 것이 아니라 자기 척도에서의 깨달음은 누구나 가질 수 있다는 이야기입니다.

그리고 깨닫는 것은 나의 삶을 정확하게 살 때 가능한 것입니다. 예를 들면, 노동자가 노동자의 깨달음을 가지게 되면 내가 맡은 일을 정확하고 바르게 합니다. 그렇게 하면 어떤 일이 생기느냐? 내가 만나야 될 사람을 만나게 됩니다. 노동자라도 아래 일을 할 때는 아랫사람을 만날 것이고, 최고 질량의 일을 할 때는 최고 질량의 사람을 만나게 되는 것입니다.

내 질량에 맞게끔 최고의 일을 했다면 칭찬에 연연하지 않습니다. 내가 해야 될 질량의 일보다 낮은 일을 했을 때 칭찬에 도취되는 것입니다. 그러나 자기 삶에서 최고의 것을 깨달아서 그 일을 할 때는 칭찬을 받아도 도취되지 않고 흡수가 됩니다. 그렇게 할 때 즐겁고 보람 있는 삶을 살게 되고 물 흐르듯이 살아진다, 이 말입니다.
어떤 삶을 살더라도 자신이 처한 환경 속에서의 깨달음이라야 합니다. 부모는 부모의 일을, 지식인은 지식인의 일을, 지도자는 지도자의 일을 정확하게 할 때 깨달아집니다.

이 세상의 법칙은 특정한 사람에게만 적용되는 것이 아닙니다. 누구든지 자신의 깨달음은 자신이 처한 테두리 안에서 일어납니다.

―
그러면 큰 깨달음이란 자기가 속해 있는 그 수준에서 최고의 삶을 이룬다는 뜻으로 보아야 합니까?
―

깨달음은 자기 깨달음입니다. 자기의 근기와 그릇만큼 깨달음을 갖는 것입니다. 그러니까 높고 낮음이 없습니다. 낮은 사람은 '낮은 나'를 깨달아야 하는 것입니다. 깨달음 자체는 나를 깨닫는 것입니다. 거지는 거지의 깨달음이 있고 노동자는 노동자의 깨달음이 있고 지식인은 지식인의 깨달음이 있는 것이지, 노동자의 깨달음이 없는 것이 아닙니다.
지도자는 지도자의 깨달음을 가져야 합니다. 노동자와 지도자는 하는 일이 다를 뿐입니다. 노동자가 지도자의 일을 할 수는 없습니다. 누구든지 깨달을 수 있는데, 깨달음의 척도가 나의 깨달음이어야 합니다.

그리고 지금 이 사회에서 깨달음이라고 하니까 모두 싯타르타 부처라든지, 아미타 부처라든지, 부처의 깨달음을 생각합니다. 부처가 될 수 있는 신분이 아닌 사람이 부처의 깨달음을 가지려고 하는데 뭔가 크게 착각하는 것입니다.

다시 말하지만, 자기는 자기의 깨달음을 가져야 합니다. 부처는 부처의 깨달음을 가져야 하고 상인은 상인의 깨달음을 가져야 하고 노동자는 노동자의 깨달음을 가져야 하고 부모는 부모의 깨달음을 가져야 하는 것입니다. 그런데 지금 깨닫기 위해서 수행한다는 자들이 모두 싯타르타의 깨달음을 가지려고 합니다.

이렇게 되면 어떻게 되느냐? 싯타르타의 깨달음은 아무도 이룰 수가 없다는 것입니다. 싯타르타의 깨달음은 싯타르타로 그의 사주를 갖고 다시 태어나야 합니다. 그러니 절대 그렇게 깨달을 수가 없습니다. 우리는 앞서 깨달은 사람들에게서 원리를 조금 배우는 것일 뿐, 깨달음은 각자가 자기 삶에서 깨달아야 하는 것입니다. 그러므로 대통령을 할 사람의 깨달음과 노동을 할 사람의 깨달음은 다른 것입니다. 그런데 너도 나도 대통령을 따라 한다면 가랑이가 찢어집니다. 그러면 자신의 일도 못하고 깨달을 수도 없습니다.

세상에 수행자가 그렇게 많았고 수천 년 동안 깨닫겠다고 목탁을 두드리며 산 속에 박혀 있었는데도, 깨달은 사람이 지금 왜 안 나오느냐? 남의 깨달음을 쫓아갔기 때문입니다. 우리는 그러한 근기를 갖고 태어나지 않았고 또 그 시대에 태어나지도 않았습니다. 시대에 따라 수행 방법이 다 다릅니다. 고기 장사가 해야 할 수행 방법이 다르고 고구마 장사의 수행 방법이 다르고 교육자가 해야 할 수행 방법이 다르고 지식인이 해야 할 수행 방법이 모두 다른 것입니다. 이처럼 전부 다 수행의 방법이 다르다는 말입니다.

MY JUNGBUB NOTE

MONTH 1 2 3 4 5 6 7 8 9 10 11 12

DAY 1 2 3 4 5 6 7 8 9 10 11 12 13 14 15 16 17 18 19 20 21 22 23 24 25 26 27 28 29 30 31

――― 지금 나의 환경 ―――

――― 나의 정법 명언 ―――

――― 느낌 + 생각 ―――

정법강의 7강 깨달음-1 여여(如如)하게 살고 싶다(1/4)

9
깨달음-2
나는 누구이며
무엇을 해야 하는가?
(2/4)

Q. 그러면 스승님이 말씀하시는 깨달음이란 '나는 누구인가?' '나는 무엇을 해야 하는가?' 그것을 아는 것이 깨달음이라고 이해를 하면 맞습니까?

강의일자: 2011. 12. 01.

깨달음에는 들어서 아는 단계가 있고 내가 그 깊이를 만져서 이해하고 깨닫는 단계가 있습니다.

자세히 나열해서 가르쳐 주면 누구나 다 알 수 있습니다. 하지만 그것은 가르쳐 준 것을 들어 아는 것이지 하나하나 그것의 깊이를 깨달아 안 것이 아닙니다. 그래서 내가 이야기해 줄 수는 있지만 그 이야기를 들은 것만으로 깨달았다고 하면 안 됩니다. 알고 난 후에 그 깊이를 공부해서 깨닫는 것입니다. 깊이는 들어가 보아야 아는 것입니다. 이것을 공부하면서 들어가는 것이 수행입니다.

그러니까 자기 자신을 알고 수행을 하면 더 낫겠죠. '너 자신을 알라'고 하지만 자신을 안다고 수행이 끝난 것이 아닙니다. 단지 자기 자신을 안 것입니다.

오늘날의 지식인을 예로 들어 쉽게 풀어 보겠습니다. 지식인은 자기 자신을 알아야 됩니다. '지식인인 너는 누구냐?', '왜 너를 지식인이라고 하는가?'를 알아야 한다는 말입니다. 우리는 지식을 갖추었으니까 지식인이라고 하는 것입니다. 그래서 지식을 갖추었으니 깨달았다고 하는데 그렇다고 뭐가 달라집니까?
지식을 갖추어 알게 되는 것이 깨달은 줄 알았지만 안 깨달아진 것입니다. 왜냐? '지식'이라는 에너지가 무엇인지를 아직까지 깨닫지 못했기 때문입니다. 지식이라는 것은 알았고 지식을 내가 갖추었다는 것도 알았는데, 이 지식이 무엇인지를 아직 모르는 것입니다. 지식을 갖추었지만 지식을 모르고 있더라, 이 말입니다. 그래서 지식을 바르게 쓸 줄을 모르는 것입니다. 이제 지식을 바르게 쓰는 법을 깨달아야 합니다. 그래야 지식의 주인이 되는 것입니다. 지식을 바르게 쓰면 널리 사람을 이롭게 할 수 있습니다. 이것이 핵입니다.

그러면 '지식'을 조금 만져 봅시다.
지식이 어떤 물건이냐? 이것은 에너지입니다. 수천 년, 수만 년 동안 사람들이 한 생, 한 생을 살아오면서 남겨온 흔적들의 양이 뭉치고 뭉쳐서 질로 변하고 압축되어 오늘날의 지식 에너지가 된 것입니다. 이 말은 곧 지식은 인류가 살아온 흔적이며 혼이 서려있는 에너지라는 이야기입니다. 인류가 진화 발전해 오면서 남긴 혼과 모든 삶의 흔적들이 압축되어 에너지로 존재하는 것이 지식이라는 것입니다.

오늘날의 지식은 최고로 압축된 에너지입니다. 그래서 '이것을 흡수하며 성장한 나는 누구인가?', '이 엄청난 에너지를 먹었다면 나는 왜 이 에너지를 먹었을까?', '이 에너지를 먹고 무엇을 해야 되는가?', '무엇을 하러 이 땅에 왔는가?', '이런 지식을 갖추었으면 무엇을 해야 하는가?' 이런 것들을 파고 들어가야 합니다. 그러다 보면 답이 나오게 됩니다.

답이 어떻게 나오느냐? 나는 스스로 있는 자임을 알게 됩니다. 용을 예로 들면, 용의 최고의 것이 뭐예요? 여의주입니다. 그 여의주를 먹었다는 것입니다. 인류가 만들어 놓은 엄청난 지식의 에너지를 먹은 나는 인류의 일꾼이요, 하늘의 일꾼임을 더 깊이 들어가면 알게 됩니다. 그래서 많은 사람들이 한으로 남긴 지식의 에너지를 먹었다면 나는 한의 에너지를 먹은 것이고, 희생 속에서 일으킨 이 지식을 먹었다면 그 영혼들의 한을 풀어 주는 것도 내가 해야 할 일이라는 것을 알아야 됩니다.

지식을 갖추면 똑똑한 사람이 되고 영리한 사람이 되고 충만한 사람이 됩니다. 이런 사람들이 나만 잘살고 내 욕심만을 앞세우며 사적으로 살고자 한다면 그 어떤 사람도 이들을 이길 수가 없습니다. 그래서 대자연이 그것을 막기 위해 지식인들이 욕심을 내면 지식을 발휘할 수 없도록 막아 놓은 것입니다. 무서운 일이 일어나기 때문입니다. 이 대자연의 에너지인 지식을 먹은 자가 개인의 욕심만을 앞세우면 이 세상을 엉망으로 만들 수 있기 때문입니다. 그래서 욕심을 내는 순간 깜깜하게 만들어 버리는 것입니다. 지식의 힘을 쓸 수 없도록 차단시켜 버린다는 것입니다.

그러면 지식을 갖춘 사람이 어떻게 하면 힘을 쓸 수 있느냐? 나는 공인임을 알고, 사적으로 사는 것이 아니라 공적으로 살아야 됨을 깨우쳐야 합니다. 그리고 공적으로 사는 것도 여러 부류가 있습니다. 이웃을 위해서 사느냐, 사회를 위해서 사느냐, 나라를 위해서 사느냐, 인류를 위해서 사느냐가 있습니다. 작은 지식을 갖춘 자는 작게 볼 것이고, 큰 지식을 갖춘 자는 큰 원을 세울 것입니다.

나를 깨치고 나면 그때 하늘에 무릎을 꿇게 됩니다. 깨친 자는 하늘에 무릎을 꿇게 되어 있습니다. 그래서 "내 자신이 누구인지 몰랐습니다. 인류를 위해 혼신을 바치겠습니다." 하고 원을 올리게 됩니다. 이때 올리는 것이 축원입니다. 이렇게 자신의 뜻을 하늘에 올리니 하늘은 받아들이고 하늘의 기운을 내리게 됩니다. 그러면 인류를 위해 크고 득된 삶을 살기 시작합니다. 사람을 이롭게 하는 삶을 살고 이렇게 해서 공인이 되는 것입니다.

내가 갖춘 모든 것을 불사르며 공인의 삶을 살고 나면 원도 한도 남지 않게 되고 희생한 모든 영혼들의 한도 함께 풀립니다. 이것이 오늘날의 지식인이 해야 될 일입니다.

이러하듯 지식인은 지식인의 깨달음이 있고, 경제인은 경제인의 깨달음이 있고, 부모는 부모의 깨달음이 있고, 노동자는 노동자의 깨달음이 있는 것입니다. 깨달음은 누구나 가질 수 있지만 부류마다 깨달음이 다릅니다. 오늘날의 내가 이 세상에 와서 백년 안팎의 시간을 받아 온 인생을 바르게 쓰고 홀연히 가면, 물 흐르듯이 내 인생을 풍류하며 살고 간다, 이 말입니다.

그렇게 될 때 칭찬하는 것에 크게 동요하지 않게 됩니다. 칭찬이 와도 내가 행하는 것보다 낮기 때문에 크게 동요되지 않게 된다는 것입니다. 그런 여여함이 스스로 일어나는 것이지 내가 그렇게 하려고 해서 되는 것이 아닙니다.

―
그런데 그 깊이를 만지고 싶은데 어떻게 하면 만질 수 있는지 공부를 하라고 하셨는데, 그 공부라는 것이 살면서 자연스럽게 이루어지는 것인지, 아니면 어떤 특수한 방법이 있는 것입니까?
―

지금 이 사람이 설명해 주니까 깊이를 조금 만져 들어갔죠? 그러면 지금 깊이를 공부하는 것입니까, 안 하는 것입니까? 지금 이것이 깊이를 공부하고 있는 것이고 깨달아 들어가는 것입니다.
깨달음은 내가 하는 것이 아닙니다. 열심히 일하고 나를 갖추어 놓고 있으면 나를 깨닫게 해 줄 사람이 와서 깨우쳐 줍니다. 그때 스승을 만나는 것입니다. 경제를 갖추어 놓은 자, 지식과 기술을 갖추어 놓은 자, 모든 것을 이루어 놓은 자, 이런 자들이 다 갖추었을 때 깨달음을 줄 수 있는 스승이 이 세상에 오는 것입니다. 그런데 이들이 깨닫지를 못해서 그 갖춘 것을 어떻게 써야 될지를 모르는 것입니다. 그래서 가르침을 받기 시작하니 내가 갖춘 것이 무엇임을 알고 그 깊이를 만지기 시작하면서 깨닫는 것입니다.

지금 짧은 시간에 물었지만, 이 사람이 가르쳐 주고 조금 깊이를 만져 주었습니다. 이것이 지금 깨달아 가고 있는 순간입니다.

당신들은 지식인입니다. 이런 것을 조금 들으니 마음이 어때요? 사적으로 살기보다는 공적으로 살아야겠다는 마음이 충만해지기 시작할 것입니다. 이것을 알면 알수록 아주 무서운 생각이 들 것입니다. 내가 갖춘 지식이 무엇이라는 것을 알고 가슴이 섬뜩하게 느껴질 때, 사적으로 살 생각을 도저히 할 수 없게 됩니다. 이것이 깨달아지는 것입니다. 그때 심장이 터질 듯한 무엇인가가 끓어오르게 됩니다. 깨달으면 그런 일이 생기는 것입니다.

그래서 나를 갖춘 자는 스승을 만나야 하니, 스승이 지금 이 시대에 오는 것입니다. 나를 다 갖추고 이루고 준비되었을 때 스승이 오는 것입니다. 스승이 와서 깨우치게 해 주면 깨우치는 순간 하늘의 힘을 받을 것입니다. 하늘의 힘을 받고 나면 지혜가 스스로 열리고, 하는 일마다 만백성의 빛이 되어 어려운 삶을 전부 다 녹여줄 것입니다. 그러나 지식을 갖춘 자들이 깨우치지 못하고 경제를 갖춘 자들과 고생하면서 열심히 산 자들이 깨우치지 못하면, 더욱 힘든 세상을 맞이하게 됩니다.

갖춘 자와 가진 자가 자기 일을 못하면 그 무게에 눌리게 됩니다. 그러나 가진 것이 없고 갖춘 것이 없으면 무게에 눌리지 않습니다.
이 사람이 이제 모두 깨우치게 해 줄 것이니 걱정하지 않아도 됩니다. 이 대자연은 항상 움직이고 있습니다. 대자연에 필요한 일을 할 사람은 항상 나옵니다. 시대에 따라서 정확하게 나오는 법이니 아무 걱정을 하지 않아도 됩니다.

지금이라도 혜택을 조금 보고 있다면, 열심히 공부하면 됩니다. 나부터 그 혜택을 보아서 깨달아 하는 일마다 충만하면, 충만한 기운이 다른 데로 미쳐서 이 기운들을 또 맞이하게 되어 엄청난 물결이 모이게 됩니다. 이것이 제3의 물결입니다. 제3의 물결은 지혜의 물결입니다. 이제 그 시대를 우리가 2013년부터 맞이하게 될 것입니다. 우리가 아직은 이것을 맞이하지 않았기 때문에 모르는 것이지 이것을 맞이하게 되면 분명히 알게 됩니다. 이제 이해가 되나요? 다 이해가 가지 않더라도 어느 정도는 만질 수 있을 것입니다. 正

MY JUNGBUB NOTE

MONTH 1 2 3 4 5 6 7 8 9 10 11 12
DAY 1 2 3 4 5 6 7 8 9 10 11 12 13 14 15 16 17 18 19 20 21 22 23 24 25 26 27 28 29 30 31

―――――――――― 지금 나의 환경 ――――――――――

―――――――――― 나의 정법 명언 ――――――――――

―――――――――― 느낌 + 생각 ――――――――――

정법강의 9강 깨달음-2 나는 누구이며 무엇을 해야 하는가?(2/4)

10
깨달음-3
젊은이들도 깨달을 수 있나요?
(3/4)

Q. 저는 20대입니다. 조금 전에 내가 갖출 것을 다 갖춘 다음에 스승을 만나서 깨우침을 받게 된다고 하셨는데, 그러면 어른이 되어야만 깨우침을 받을 자격이 되는 것인지, 아니면 금메달을 딴다거나 1등이 되어 그 사람으로서는 올라갈 수 있는 최고의 자리까지 올라간 젊은이들도 어린 나이지만 스승을 만나 깨우침을 받을 수 있는 자격이 되는 것인지요?

강의일자: 2011. 12. 01.

깨달아야 될 사람들이 따로 있습니다. 그들은 3:7의 법칙에 따라 3에 해당하는 사람들로, 앞으로 이 세상을 이끌어 가야 될 사람들입니다. 이 사람들이 깨달아야 되는 것입니다.

깨달음은 인류의 지식을 최고 많이 먹은 사람들이 깨달아야 합니다. 노동을 해도 고생을 최고 많이 한 사람들, 경제를 갖추어도 이 시대의 최고 높은 질량의 경제를 갖춘 사람들이 깨달아야 되는 사람들입니다. 그들이 아날로그 세대입니다. 아날로그 36년(1940년~1975년)에서도 가운데 12년(1952년~1963년)에 해당하는 사람들이 깨달아야 하는 것입니다. 여기에 대해서는 오늘 짧은 시간에 그 이유를 모두 설명할 수는 없지만, 나중에 정확하게 설명할 것입니다.

서운하게 들리더라도 답부터 말하면, 여러분들은 깨달아야 하는 사람이 아닐 뿐더러 깨달을 이유도 없습니다. 그냥 알기만 하면 됩니다.

아는 것과 깨달음은 다른 것입니다. 아는 사람은 그냥 알고 바르게 살면 되지만 깨달은 사람들은 혼신을 다해 모든 것을 바쳐야 하는 사람들입니다. 여러분들도 그렇게 할 수 있나요? 그런 근기가 안 된다는 말입니다.

깨달음은 그 근기가 되는 사람들만 깨달아야 합니다. 자신을 바쳐 혼신을 다할 수 있고 나를 불태울 수 있어야 하기 때문입니다. 그렇게 혼신을 다 바칠 수 있는 사람이 부처인 것입니다. 부처가 되는 사람은 내가 가진 것을 모두 내놓을 수 있고, 내가 행한 것에 욕심을 갖지 않고, 또 그 공답을 내가 가지려고 하지 않습니다. 이런 사람은 혼신을 다해 깨끗하게 자신을 불태웠기 때문에 가벼워집니다. 이것을 '불佛'이라고 합니다.

우리는 앞으로 부처를 잘 알아야 합니다. 부처가 되고자 하는 사람은 부처를 탐하지 않고 부처가 되려고 노력하지도 않습니다. 나의 삶이 곧 나를 부처로 만드는 것이지, 부처가 되려 한다고 부처가 되지를 않는다, 이 말입니다. 살아서 부처가 되는 것이 아니라 나를 태워 내가 없어질 때 스스로 부처가 되는 것입니다. 그것이 공의 삶 즉, 내가 사인으로 살지 않고 공인으로 살아야만 가능합니다.

앞으로 50대 안팎의 지식인들 중에서 자신을 불태우며 부처로 살아갈 사람들이 나옵니다. 이들은 저마다의 소질을 가지고 태어난 사람들이며 어릴 때 '국민교육헌장'을 회초리로 맞아가며 배웠던 사람들입니다. 그러니 여러분들은 꿈도 꾸지 마세요. 그렇게 되고 싶어도 되지 않고 그렇게 살고 싶어도 살아지지 않습니다. 묘한 것입니다. 그러한 근기가 없이는 아날로그 세대로 태어나지를 않습니다. 이 사람들은 구세주입니다. 이 세상을 구하러 온 구세주가 지금 와 있는지를 모르고들 있습니다. 이들이 진정 자신을 불태우며 세상을 위해 살 때 구세주가 되는 것입니다. 지금 다 와 있습니다. 구세주라는 구세주는 모두 여기 해동 대한민국에 다 와 있다는 말입니다.

앞으로 이 구세주들이 어떻게 일을 하는지 보면 압니다. 이제 이 세상을 밝힐 것이고 피폐하게 사는 자와 굶어 죽는 자가 없도록 할 것입니다. 병든 자를 낫게 할 것이고 마음이 병든 자는 그 어려움에서 벗어나게 할 것입니다. 앞으로 이런 일들이 벌어진다, 이 말입니다. 혼신을 다하는 자라야만 그 일을 할 수가 있습니다. 그러나 혼신을 다

하지 않는 자는 그런 일을 할 수가 없습니다. 이제 이해되나요?

―

저는 '치열한 삶을 살았다'는 말이 제일 가슴에 와 닿습니다. 그 말은 물질을 벗어나 나름대로 정신적인 부분을 갈구하면서 '끝없이 몰려드는 공허함이 과연 어디서 올까?' 하며 엄청난 고뇌를 했을 때만이 나올 수 있기 때문입니다. 이러한 삶을 살았다는 그 자체도 구세주들에게만 해당되는 삶인지요?

―

구세주가 아니면 그렇게 살 수 있는 근기가 안 됩니다. 질량이 낮으면 낮을수록 어쩔 수 없이 살고, 질량이 높으면 높을수록 무언가를 갈구하며 사는 것입니다. 아날로그 세대만큼 갈구하며 사는 자는 이 세상에 없습니다. 지금 나이가 50대 안팎인 아날로그 세대만큼 무언가를 갈구하며 살았던 사람은 천지창조 이래 없었다, 이 말입니다. 그들이 처음이자 마지막으로 최고 높은 질량의 것을 갈구하는 자들입니다.

지금의 디지털 세대는 절대 갈구하며 살지를 않습니다. 한 세대 차이인데도 그만큼 차이가 나는 것입니다. 주어진 여건 속에서 열심히는 살아도 무언가를 갈구하며 살지는 않습니다. 큰 포부를 세우거나 뭔가 이상적인 것을 꿈꾸지 않는다는 말입니다. 주어진 대로 열심히 살기는 하지만 길을 놓은 것을 이용할 뿐, 찾으려 들지 않는 세대입니다.

그 길을 찾으려고 했던 것은 천지창조 이래로 아날로그 세대가 처음이었습니다. 이것은 하나의 사건입니다. 무엇인가를 갈구하는 그 기운이 하늘에 닿아 하늘이 움직이고 세상이 변하는 것입니다. 그들이 혼신을 다해 자신을 불태울 때 이 세상에 있는 모든 개념들이 변하게 되고, 사람들의 의식도 변하게 되는 것입니다. 지금 우리가 가지고 있는 사고 체계도 모두 바뀌게 됩니다. 그래서 앞으로 삶의 질량도 달라질 것이고 엄청난 일들이 일어나게 됩니다. 그것을 보고 천지개벽이라고 하는 것입니다.

천지개벽은 땅이 솟아나거나 하늘에서 불덩어리가 떨어지는 것이 아니라 사람의 생각, 개념이 바뀌는 것을 말합니다. 이것을 환골탈태라고 하는 것입니다. 환골탈태는 빨간 피가 하얗게 되는 것이 아닙니다. 과거에 비유로 그렇게 말했던 것인데 바보같이 그것을 진짜로 믿고 있는 것입니다.

그러면 앞으로는 수행자도 없어지고 종교인들도 점점 없어지나요?

종교인이 없어지는 것이 아니고 종교라는 개념과 신앙이라는 개념이 달라지는 것입니다.
앞으로는 우리 모두가 신을 알게 됩니다. 지금은 신을 잘 모릅니다. 전 세계적으로 신을 믿고 있다고 하지만 그 신이 무엇인지를 아는 자가 아직은 없습니다. 이제 나를 불태우고 갈 자들이 정확하게 신이 무엇이라는 것을 가르쳐 주고 정리해 놓고 갈 것입니다.
이들은 내 욕심으로 가지 않기 때문에 바르게 정리할 수 있습니다. 내 욕심, 즉 사심을 가질 때 내 신과 너의 신이 있는 것이지 공심으로 하면 내 신과 너의 신을 따지지 않습니다.
'내 믿음이 옳고 너의 믿음은 옳지 않다' 이런 법은 없습니다. 공으로 세상을 바라보는 자들은 깨달은 자들입니다. 너의 믿음도 이유가 있고 내 믿음도 이유가 있으니 이것을 바르게 만져 모두가 하나임을 알게 됩니다. 즉, 신은 곧 둘이 아니고 하나임을 알게 됩니다. 이렇게 해서 신에 대한 개념을 바르게 잡아 주고 갈 것입니다.
이것이 바르게 잡혔다면 절대 옆으로 이탈하지 않게 됩니다. 그들이 신을 바르게 잡아 주고 길을 열어 주기 때문에 모든 사상이 하나로 돌아가게 됩니다. 이것이 마무리하는 것입니다.
세상에 모든 것을 이룰 때는 오만 갈래로 일어나지만 정리할 때는 하나로 돌아갑니다. 이것이 마무리하는 것입니다. 그래서 공도사상이 도래하고 그 안에서 모든 것이 정리됩니다. 그러니까 신이나 어떤 종교가 없어진다는 개념을 갖지 말고, 바른 사상을 놓고 전부 거기에 흡수가 된다, 이 말입니다. 그래서 싸움이 없어지고 평화가 오는 세상이 열리게 되는 것입니다.

MY JUNGBUB NOTE

MONTH 1 2 3 4 5 6 7 8 9 10 11 12
DAY 1 2 3 4 5 6 7 8 9 10 11 12 13 14 15 16 17 18 19 20 21 22 23 24 25 26 27 28 29 30 31

―――――――――――――― 지금 나의 환경 ――――――――――――――

―――――――――――――― 나의 정법 명언 ――――――――――――――

―――――――――――――― 느낌 + 생각 ――――――――――――――

정법강의 10강 깨달음-3 젊은이들도 깨달을 수 있나요?(3/4)

11
깨달음-4
여여하게 인생을
마칠 수 있을까요?
(4/4)

Q. 저희들이 이번 생을 마칠 때쯤 되면 여여하게 살아가면서 인생을 마치겠네요?

강의일자: 2011. 12. 01.

내 일을 좀 해 놓아야 되겠죠. 아무것도 하지 않았으면서 무슨 여유를 찾나요? 우리는 아직까지 아무것도 한 일이 없습니다. 지금까지 일을 한 사람은 노동자입니다. 우리는 열심히 갖추어 놓기만 했지 아무것도 한 적이 없습니다. 우리가 '할 일을 못했다'는 이야기입니다. 그래서 지식인이 해야 될 일이 무엇인지를 알고 나면 "우리가 할 일을 안 했네."라는 말이 정확하게 나옵니다. 지도자라는 사람들이 일반인이 해야 될 일을 해 놓고 우리도 일했다고 하면 안 되는 것입니다.

예를 들어보면, 경제를 많이 가진 사람이 경제를 가지지 않은 사람도 할 수 있는 일을 하고서 나도 일을 했다고 말한다면 '너는 아무것도 한 것이 없다'는 이야기입니다. 지식인도 마찬가지입니다. 지식을 많이 갖춘 자들이 일반인이 할 일을 조금 했다고 "나도 할 일을 했다."고 이야기하면 되겠습니까? 지식을 많이 갖춘 네가, 백성의 피와 땀을 먹은 네가, 그 희생을 먹고 자란 네가, 해야 될 일을 하지 않으면 너는 이 세상에 아무것도 한 일이 없다는 것입니다. 한 일이 없으면 너의 죄는 0.1mm도 소멸되지 않습니다.

세상에 와서 해야 될 일을 바르게 하고 살지 않으면 내 업과 죄는 0.1mm도 소멸되지 않습니다. 우리가 이 세상에 올 때는 내 죄를 소멸하러 온 것입니다. 우리가 일생을 바르게 살고 나면 죄는 모두 소멸되지만 그렇지 않을 때는 0.1mm도 소멸되지 않습니다. 목탁을 아무리 두드리고 빌어도 소멸되지 않고, 손금이 닳고 손바닥에 피가 나도록 빌어도 소멸되지 않는다는 말입니다. 아무리 빌어도 하느님 곁에 못 갑니다.

하느님 곁에 가려면 너의 기운이 가벼워져야 가능합니다. 가벼워지려면 혼신을 다해서 나를 불태워야 합니다. 내 삶이 남들에게 도움이 되고 득이 되도록 나를 불태우며 살다 가면, 너는 깨끗하고 가벼운 영혼이 되고, 그럴 때 하느님 곁에 갈 수 있게 됩니다.

아침에 빌고 내일 또 빌고 그렇게 3천년을 빌어도 하느님 곁에 갈 수가 없습니다. 무거워서 못 갑니다. 그런데 누가 하느님 곁에 보내 준다고 했나요? 그렇게 말한 사람 데리고 와 보세요. 천국은 절대 못 간다, 이 말입니다.

내가 가벼워지면 자동으로 갈 수 있는 곳이 천국입니다. 티 없이 가벼워지면 갈 수 있지만 무거우면 절대 못 갑니다. 하느님이 곁에 놓아둔다 해도 무거워서 곁에 있지 못하고 뚝 떨어집니다. 하느님이 계속 들고 있을 수는 없잖아요. 다른 놈 데리고 오려고 손을 놓는 순간 무게를 못 이겨 땅으로 떨어집니다. 떨어지면 엄청 아픕니다.

그것이 천당입니다. 천당이 이 지상처럼 땅이 있는 것도 아닙니다. 가벼운 자만이 있을 수 있는 곳입니다. 무거운 것을 받쳐주는 땅이 없으니까 무거우면 저절로 떨어지는 것입니다.

그러니까 천당에 가겠다는 욕심을 부리지 말고 오늘 나에게 주어진 일을 열심히 해서 이 사회에 도움이 되고 이 세상에 도움이 되게 살면, 천당에 갈 수 있습니다. 사람을 이롭게 하고 득 되게 살았느냐에 따라 스스로 맑아지고 가벼워지게 되고 그럴 때 천당 문이 스스로 열려 갈 수 있는 것입니다. 그렇게 천당에 가는 것입니다. 천당은 하느님의 집이고 또한 나의 집입니다.

그래서 우리가 바르게 살려면 어떻게 행동해야 하는 것인지를 스승에게 배우는 것이고 깨우친 부처에게 배우는 것입니다.

—
자신을 홀연히 다 바치고 간 사람이 결국은 천당에 간다고 하셨잖아요? 그러면 흔히들 생각할 때 유관순이나 안중근 의사 같은 경우는 자신을 홀연히 불태우고 갔다고 보아야 됩니까?
—

홀연히 불태우기는 뭘...
시대에 따라 무언가 나라를 위하는 것처럼 하다가 죽은 것입니다. 물론 그들의 뜻이 갸륵해서 다음에 좋은 행을 할 수 있는 육신과 환경을 받을 수 있는 조건을 받습니다. 그 조건이란 우리가 그들의 희생을 먹고 깨달아 좋은 길을 닦아 놓으면 세상을 위해 희생한 자들이 다시 육신을 받아 이 세상에 와서 그 혜택을 보는 것입니다. 그래서 가는 길을 알고 인생을 바르게 살아 줄줄이 하늘길이 열리는 것입니다.

오늘날의 지식인들은 그러한 희생을 전부 다 받아먹고 갖추었습니다. 생을 다 살지 못하고 초개같이 나를 버린 분들의 에너지를 먹고 성장한 것입니다. 그 한을 남기고 간 속에서 지식을 갖추고 성장한 것이라는 말입니다. 그래서 그들이 죄와 업을 벗을 수 있도록 길을 닦아 주어야 되는 것이 우리가 해야 할 몫이며, 민족의 역사적 사명을 띠고 이 땅에 태어난 이유입니다. 조상의 얼을 빛내라고 했고, 저마다의 소질을 계발해서 안으로 자주독립을 이룩하라고 했으며 그것을 바탕으로 밖으로는 인류 공영에 이바지할 때라고 이야기한 것입니다.

자주독립을 하려면 법이 있어야 됩니다. 그래야 자주독립이 되는 것입니다. 우리들이 만든 법, 이 법이 훌륭하다면 인류가 이 법을 쓰게 될 것이고 그러면 밖으로 인류 공영에 이바지하는 것이 됩니다.
우리의 법이 없으면 자주독립이 아닙니다. 남의 법을 쓰고 자주독립을 이루었다고 이야기할 수는 없는 것입니다.
오늘날의 지식인이 만들어진 이유가 바로 여기에 있습니다. 우리들이 갖추어서 이 나라의 법을 세워야 합니다. 홍익인간의 법, 사람을 널리 이롭게 하는 법, 인류의 질서를 이루어 내는 법, 모든 사회가 평등할 수 있는 그러한 바탕이 되는 법을 만들어서 안으로는 어지러운 나라를 정리하고 밖으로는 인류 공영에 이바지하라는 것입니다. 이것이 2013년부터 시작해야 되는 우리들의 역사적 사명입니다.

그 일을 하기 위해서 이 사람이 큰 수행과 고행 끝에 마지막 수행자로 이 세상에 나온 것입니다. 수십 번을 죽어가면서 그 어두운 산 중에서 혹독한 훈련을 받은 이유가 오늘날의 지식인들을 바르게 가르치고 이끌기 위해서였습니다.

이 사람이 수행을 마치고 나와 보니, 지금 삼천리금수강산인 이 땅에는 엄청나게 바탕을 잘 이루어 놓았습니다. 그러니 아무 걱정 말고 이제부터 시작하면 됩니다.

국민들이 모두 고생해서 최상의 조건을 이 나라에 만들어 놓은 것입니다. 이것을 바르게 쓴다면 인류의 지도자가 될 것이고, 이것을 바르게 쓰지 못한다면 또다시 무지랭이로 핍박 받으며 힘을 쓰지 못하고 안개처럼 사라지게 될 것입니다. 지금이 최고의 기회입니다. 대자연은 이 해동 대한민국에 기운을 비추고 있습니다. 이제는 지혜를 열고 지혜로운 일을 할 때입니다. 지식을 자랑하고 재주를 자랑할 때가 아닙니다. 지식과 재주는 다 나왔습니다. 지금은 그 지식과 재주를 어떻게 써야 하는지, 지혜를 발휘할 때이지 자랑할 때가 아닙니다.

모두 힘냅시다.

MY JUNGBUB NOTE

MONTH 1 2 3 4 5 6 7 8 9 10 11 12
DAY 1 2 3 4 5 6 7 8 9 10 11 12 13 14 15 16 17 18 19 20 21 22 23 24 25 26 27 28 29 30 31

──────────── 지금 나의 환경 ────────────

──────────── 나의 정법 명언 ────────────

──────────── 느낌 + 생각 ────────────

NOTE

NOTE

NOTE